VOCÊS DA IMPRENSA

Direção editorial: **Bruno Thys** e **Luiz André Alzer**
Capa, projeto gráfico e diagramação: **Renata Maneschy**
Revisão: **Camilla Mota**
Foto do autor: **Bruno Mendonça**

Dados Internacionais de Catalogação na Publicação (CIP)
(eDOC BRASIL, Belo Horizonte/MG)

Saconi, João Paulo.
S122v Vocês da imprensa: violência contra a mídia brasileira pela ótica de um jornalista sob ataque / João Paulo Saconi. – Rio de Janeiro, RJ: Máquina de Livros, 2025.
192 p. : il. ; 14 x 21 cm

Inclui bibliografia
ISBN 978-65-86339-41-3

1. Jornalismo – Brasil. 2. Violência contra a imprensa. I. Título.

CDD 079.81

Elaborado por Maurício Amormino Júnior – CRB6/2422

Grafia atualizada segundo o Acordo Ortográfico da Língua Portuguesa de 1990, em vigor no Brasil desde 2009

1ª edição, 2025

Rua Francisco Serrador 90 / 902, Centro, Rio de Janeiro/RJ – CEP 20031-060
www.maquinadelivros.com.br
contato@maquinadelivros.com.br

VIOLÊNCIA CONTRA A MÍDIA BRASILEIRA
PELA ÓTICA DE UM JORNALISTA SOB ATAQUE

VOCÊS DA IMPRENSA

JOÃO PAULO SACONI

máquina de livros

Aos jornalistas que foram vítimas
de episódios de violência contra
a imprensa mencionados ou não
neste livro e, mesmo assim, nunca
cogitaram desistir do ofício.

À minha mãe, Roseli, que me abriu
os caminhos da vida e do jornalismo
e, depois, me deu força para não
renunciar a ele.

E, por último, à parte de mim a
quem eu devia estas páginas.

ÍNDICE

APRESENTAÇÃO

Este livro é o retrato de um trauma individual e, ao mesmo tempo, coletivo. Foi o caminho que um jornalista, atacado em seu ofício no começo da carreira, encontrou para não desistir dela. E, ao mesmo tempo, para apurar, porque, em vez de confiar e admirar o jornalismo, parte da sociedade opta por tentar sufocá-lo.

As páginas a seguir foram adaptadas e atualizadas da dissertação de mestrado em Comunicação e Cultura que apresentei à Universidade Federal do Rio de Janeiro (UFRJ). Elas contam em detalhes as agressões que sofri nos cinco anos seguintes após eu assinar e publicar uma reportagem que incomodou um político, sua família e seus apoiadores.

O trabalho, reconhecido como a melhor dissertação de 2023 em uma premiação da Sociedade Brasileira de Estudos Interdisciplinares da Comunicação (Intercom), mostra que o meu caso está longe de ser uma exceção. Por meio da sistematização de dados pré-existentes, bem como da produção de novas estatísticas, a pesquisa revela como a violência avançou sobre os jornalistas a partir de 2013, com as Jornadas de Junho.

Sucessivos casos de ameaças, linchamentos virtuais, destruição de reputações, vazamentos de dados e outros mecanismos não menos violentos deixaram a classe sob a atmosfera do medo, sobretudo diante da cobertura política, como revela também a análise das eleições de 2014, 18, 22 e 24, além do impeachment contido nesse intervalo de tempo e os atos golpistas de 8 de janeiro de 2023.

A hostilidade impacta a maneira como os jornalistas pensam suas pautas e fazem suas coberturas; de que forma eles usam as redes sociais, com mais ou menos restrições, impedindo até que ostentem tranquilos seus crachás no peito. E, mesmo nas conversas mais simples do cotidiano, a violência dirigida aos jornalistas fomenta o temor de sequer mencionarem que são profissionais, sob o risco de se tornarem alvos.

As situações de perigo ficam nítidas quando observadas as respostas de 203 jornalistas de todo o país (especialmente no Rio de Janeiro, em São Paulo e em Brasília, onde estão as maiores redações) que responderam ao questionário que enviei, "Vocês da Imprensa", nome deste livro. É uma referência à expressão que fontes, entrevistados e público frequentemente usam para se referir a jornalistas, como se fossem uma parcela à parte do Brasil. Uma exterioridade.

Sob orientação do professor Muniz Sodré, emérito da UFRJ, o estudo quantitativo com os 203 jornalistas revela métricas que, perpetuadas, arranham as liberdades de expressão e de imprensa no país, uma vez que, ao minar o jornalismo, impedem a livre circulação de informações e de notícias. Esses números guiam os capítulos a seguir.

As estatísticas, no entanto, não resumem o livro. O principal componente, mesmo quando convertido em dados, é humano. São jornalistas que morreram ou foram fisicamente agredidos. Ou que, mesmo a salvo, renunciaram a parte de suas vidas: deixaram de circular nas ruas (até mesmo na própria vizinhança) com receio de serem atacados. São profissionais bem-sucedidos que, ainda assim, cogitaram se mudar para o exterior com medo do que poderia acontecer aqui com eles e suas famílias.

Sete dessas histórias são contadas nas próximas páginas, na sequência da minha, apenas um ponto de partida. Um trauma individual que, para ser superado, exigiu que eu olhasse e estendesse as mãos ao coletivo. Nele, encontrei aflições pelas quais passaram colegas como Santiago Andrade, Luiz Fara Monteiro, Patrícia Campos Mello, Vera Magalhães, Renato Alves, Natuza Nery e Raquel Landim. Seus nomes constam em casos marcantes de fúria contra a mídia no período de acirramento político, que revelam o que há por trás do ódio público a esses profissionais. Além deles, centenas de outros "vocês da imprensa" estiveram na mira. Muitos, aliás, permanecem em risco.

Leituras imprescindíveis nem sempre são as mais confortáveis. Pesquisar e escrever sobre um fenômeno tão duro quanto esse tampouco foi uma missão leve e despreocupada. Mas a urgência da causa garantiu que o livro fosse publicado. Se você é jornalista, provavelmente as situações aqui descritas encontrarão eco nas suas experiências (e, quem sabe, proporcionem algum acolhimento a traumas como o meu). Se não for, você também pode contribuir assumindo o compromisso de incentivar as liberdades essenciais para que a imprensa atue de maneira autônoma, eficiente e destemida.

• capítulo 1 •

EU DA IMPRENSA

A cidade do interior de São Paulo onde nasci, a cem quilômetros da capital, somava menos de 145 mil habitantes em 2010. Era essa a única ordem de grandeza social que eu conhecia quando me mudei de Itu para o Rio de Janeiro, decidido a estudar jornalismo e trabalhar na cobertura política. Mesmo com fama de "lugar onde tudo é grande", criada nos humorísticos da TV, o lugar se mostraria diminuto. Isso porque, em pouco tempo, a profissão que eu almejava acabaria projetando sobre mim um holofote 40 vezes maior. Diante deles, estariam os milhões de seguidores do presidente do país numa rede social, onde ele expôs o meu nome, insatisfeito com uma reportagem que escrevi.

Há pouco mais de um ano na redação do "Globo", aos 23 anos, eu colaborava da sede no Centro do Rio com a cobertura de um incêndio no Hospital Badim, no bairro da Tijuca, em 13 de setembro de 2019. Naquele dia, eu reforçava a equipe de repórteres da editoria de cidade. Quando nenhum grande acontecimento como esse mudava a rota, minha atuação era voltada para os poderosos em Brasília, incluindo Jair Bolsonaro e seus filhos.

Foi com foco em um deles que escrevi, pautado por editores, a reportagem "Modo de usar: uma Bolsonaro ensina a vencer na vida", publicada justamente naquele 13 de setembro pela revista "Época", que ficava dentro da redação do "Globo". O texto abordava, sob a ótica do jornalismo político e de comportamento, a atuação como *coach* de uma nora do então presidente da República. Ela estava recém-casada com Eduardo Bolsonaro, deputado federal que se articulava para ser embaixador nos Estados Unidos.

Enquanto buscávamos mais detalhes sobre o incêndio no hospital, descobri, na redação, que a reportagem sobre "a *coach* Bolsonaro" havia lançado meu nome na fogueira do bolsonarismo. Fui alertado por uma amiga da Universidade Federal do Rio de Janeiro, a UFRJ, onde eu me formara no ano anterior. Ela trabalhava comigo e chegou afoita até a minha mesa para dizer que Bolsonaro pai havia "tuitado" meu nome a seus quase seis milhões de seguidores no Twitter (a marca mais que dobrou desde então).

Eleito no ano anterior, após três décadas no baixo clero da Câmara dos Deputados, Bolsonaro havia se notabilizado mais recentemente pela pouca afeição à imprensa. Era hostil a repórteres, mesmo que tivesse se valido do trabalho deles para ser visto por eleitores enquanto empunhava suas bandeiras conservadoras, de forte apelo militar e religioso. O tom piorava conforme aliados e familiares bolsonaristas entravam no radar de investigações jornalísticas, na esteira de sua eleição ao Palácio do Planalto. À época, a mais notória era sobre o filho mais velho, Flávio, denunciado por um esquema de "rachadinha" (desvio de salários de assessores), cujas provas foram anuladas, e a denúncia, arquivada.

O presidente havia ficado extremamente incomodado com a reportagem, que revelava o conteúdo das sessões de *coach* ministradas por sua nora. Ainda que ele não tivesse lido o que escrevi ("Eu tinha outras coisas mais importantes pra fazer", disse em entrevista), Bolsonaro disparou críticas contra mim na internet. Algumas delas: "Imprensa sem limites: sem se identificar, o jornalista João Paulo Saconi se passou por gay e fez sessões com minha nora (...) psicóloga, esposa do Eduardo, e gravou tudo. O que deveria ficar apenas entre os dois, por questão de ética, agora vem a público".

A reportagem repetia uma abordagem parecida adotada em março de 2019, quando a "Época" publicou a matéria "Três meses de aulas com Olavo de Carvalho, o artista da ofensa". Para produzi-la, o jornalista Denis Russo Burgierman observou virtualmente o Curso On-line de Filosofia (COF), ministrado pelo escritor considerado o "guru da direita" e da família Bolsonaro. Ele era autor de best-sellers como "O mínimo que você precisa saber para não ser um idiota" (Record, 2013) e "O imbecil coletivo" (Faculdade da Cidade, 1996), livros contra o politicamente correto e a esquerda brasileira.

Além de pautar os debates do novo governo, Olavo indicava ministros e auxiliares estratégicos do presidente. As nomeações, bem como seus impropérios nas redes sociais (e, conforme revelou Burgierman, nas aulas), reverberavam e davam o tom das conversas de parte do Brasil até 2022, quando ele morreu nos Estados Unidos, onde morava. O "Olavismo cultural", espécie de doutrina, se consolidava graças ao COF e foi determinante na formação de uma ala ideológica no governo Bolsonaro, na qual ficaram entrincheirados representantes radicais da direita.

Um de seus ensinamentos aos apoiadores era tolerância zero com a mídia. Olavo descrevia a classe jornalística como "o grande inimigo do Brasil". Pregava o uso de processos como "uma arma para você amarrar a mão do seu inimigo". Afinal, dizia o autor, "se um jornalista tiver 20 ou 30 processos para se defender, ele tá lascado". Mas não era só isso. Contra Burgierman, com quem se irritou pelo acompanhamento de 12 aulas, Olavo lançou mão de mais táticas de intimidação. Embora negasse entrevistas solicitadas pelo jornalista, ele publicava menções hostis nas redes sempre que contactado. Em nota de 17 de abril de 2019, a Associação Brasileira de Jornalismo Investigativo (Abraji), repudiava a divulgação por Olavo, na internet, da foto e do endereço de uma casa onde Burgierman supostamente morava. Seguidores do "guru" também foram convocados a compartilhar outras informações privadas do repórter, para que ele "provasse de seu próprio veneno".

A reação era absolutamente desproporcional. Burgierman não havia publicado dados sensíveis que colocassem Olavo de Carvalho e sua família em risco. Tinha somente produzido relatos sobre aulas comercializadas virtualmente. A lógica de Olavo, no entanto, era essa, conforme demonstrou numa fala sobre o repórter: "Se você pode vasculhar a minha vida (até dando ouvidos a notórios difamadores e psicopatas), por que eu não posso vasculhar a sua sem nem mesmo fazer perguntas a seus inimigos?".

Como Olavo, a mulher de Eduardo, nora de Bolsonaro, também vendia aulas e treinamentos on-line. Eram encontros de *coach*, modalidade de aconselhamento que emergia como ferramenta personalizada de autoajuda, principalmente graças às redes sociais. Da mesma maneira que o COF havia sido retratado em uma reportagem, a pauta para a qual fui escalado visava analisar o conteúdo das sessões de autoconhecimento, disponíveis mediante pagamento. Os diálogos aconteceram por videochamadas, ao longo de quatro semanas. Por iniciativa dos dois interlocutores, *coach* e *coachee* (o indivíduo que está passando pelo processo de *coaching*), as conversas envolveram temas políticos, muitos tangenciando a indicação de Eduardo a embaixador.

***

Aquela primeira semana se tornou, pouco a pouco, um primeiro mês imerso em ódio. Quando deixei a redação em 13 de setembro, em um carro da empresa, não sabia quando iria voltar. A princípio, ficaria uma semana fora do trabalho, já que eu e a empresa entendíamos que não era seguro circular naquele contexto. Era difícil, porém, sonhar com o retorno à normalidade. Dali em diante, imaginava que tarefas diárias se tornariam absolutamente desafiadoras. Me locomover, por exemplo, já parecia mais complexo. Só circulei nas semanas que se seguiram porque colegas ofereceram carona. Cruzar com desconhecidos me assustava.

O meu rosto fora espalhado de maneira massiva pelas redes sociais, a partir da foto disseminada na web por Eduardo Bolsonaro. Era uma imagem do início daquele 2019, feita para atualizar a versão on-line do meu currículo profissional. Apoiadores de Eduardo postaram montagens com palavras ofensivas que começaram a chegar espontaneamente no meu celular via WhatsApp, tamanha a força de seus compartilhamentos. Aquela era uma das minhas fotografias favoritas, mas tornou-se a única que não consigo encarar de jeito nenhum. Adquiri repulsa, quase como se não fosse eu retratado ali. Precisei substituir a imagem por um desenho que simulava meus cabelos loiros e os olhos verdes para me manter representado sem necessariamente seguir expondo (mais) a minha imagem.

Míope e com astigmatismo em graus altos, me vi obrigado a abandonar a armação retangular de contornos azuis, com a qual aparecia na foto espalhada por toda a internet. Graças a óculos redondos, copiados de Harry Potter, pude ir com alguma tranquilidade às sessões de terapia, o único compromisso que mantive nas primeiras semanas, quando nem ir ao trabalho parecia seguro. Passei a usar um boné para disfarçar ainda mais a aparência. Tentei retomar alguma normalidade visitando uma amiga, cujo apartamento era próximo do consultório da minha psicóloga. Um homem pareceu me reconhecer no saguão do prédio, o que me provocou medo. À época, a principal recomendação que eu ouvia de todo mundo era para ficar em casa.

"Casa", todavia, foi outra noção difusa naquelas semanas. Depois que um motorista da redação me tirou de lá naquele primeiro dia, demorei mais de 30 dias até voltar em definitivo para o apartamento que eu dividia com colegas em

São Conrado. Meu primeiro destino foi o prédio da amiga que me avisara do tuíte de Bolsonaro. Ela morava em Botafogo, a cerca de 13 quilômetros da minha residência, e cedeu o quarto dos pais, que tinham viajado, naquela primeira noite. No dia seguinte, fui para a casa de outra amiga, no mesmo bairro. Tentei assistir a comédias na TV, filmes infantis ou de ação, mas não reagia. Estava apático.

Para resguardar as pessoas que moravam em meu endereço original, me mudei temporariamente para o apartamento que uma terceira amiga havia colocado para alugar, em Copacabana. Foi lá que decidi permanecer, apesar dos protestos de pessoas da família para que eu passasse uma temporada fora do país, já que o Brasil parecia pouco seguro naquele momento. Agir como um fugitivo, porém, não me agradava.

O resguardo durou um mês e ocorreu simultaneamente a um retorno gradativo ao trabalho: depois da primeira semana em que fiquei completamente ausente, voltei à redação atuando temporariamente como editor, função em que jornalistas da minha idade raramente exerciam. Passei a ajudar a aprimorar conteúdos de outros colegas, em vez de apurar e escrever os meus próprios: fazer reportagem era arriscado, já que iria me expor às fontes e aos leitores do jornal.

Na redação, os colegas foram acolhedores e também recebi ligações telefônicas incessantes de gente preocupada comigo e de profissionais da empresa incumbidos do apoio corporativo naquele momento.

No mercado jornalístico — naquela época e depois dela — não havia protocolo para lidar com crises como aquela, seja porque a violência é interpretada como uma nuance excepcional do trabalho ou, então, porque já foi naturalizada como elemento dominante da cobertura diária. Assim, é difícil saber se os apoios recebidos foram os mais adequados ou suficientes. Falta parâmetro. Mas nunca duvidei de que, no contato humano, todos agiram com a maior empatia possível.

Fora do trabalho, era imbatível o suporte da minha mãe. Quando voltava para o endereço temporário, encontrava-a à minha espera. Ela comprou uma passagem de urgência assim que Bolsonaro citou meu nome. Só que, mais agonizante do que sofrer sozinho, era vê-la sofrer por mim. Enquanto preparava o almoço, minha mãe ouvia o rádio esperando a hora em que os comentaristas se cansariam de repercutir a reportagem e, consequentemente, parariam de tocar no meu nome. A maior leva de repetições vinha de uma emissora identificada à época com o público bolsonarista. Somente um jornalista desta emissora defendia no ar que não se fizessem ataques contra mim. Minha mãe simpatiza com ele até hoje.

***

Naquele 13 de setembro, minha primeira reação foi telefonar para casa. Pedi que minha mãe tirasse de suas contas o sobrenome "Saconi", peculiar demais para que ninguém a reconhecesse no furor que eu sabia que viria a seguir. Nos três anos seguintes, ela passou a usar outro sobrenome e surtiu efeito: o ódio ficou concentrado em mim. Um homem de quem eu nunca tinha ouvido falar virou alvo das ofensas, até conseguir mostrar que não era o repórter João Paulo Saconi.

Os microataques se revelaram muito doloridos. "Como Saconi da 'Época' simulou ser gay para prejudicar Bolsonaro; entenda" foi a manchete de um site chamado "Agro-News", dedicado ao agronegócio (como se explica o passo a passo de algo que não aconteceu?). Minha foto foi exposta como "vergonha da cidade" em um grupo que reunia moradores de Itu. A versão on-line de um jornal do município, aliás, mantém até hoje no ar um texto em que narra o episódio, destaca minha "origem ituana", menciona trabalhos anteriores que fiz na imprensa — que estão corretos — e, por fim, põe em xeque minha credibilidade jornalística.

Também na cidade, uma pessoa da família deixou uma "curtida" na publicação de Bolsonaro sobre mim. A atitude machucou muito minha mãe. Outra parente, que eu sequer conhecia, nos enviou mensagens ofensivas, sugerindo que deixássemos o país. Uma terceira também exaltou Bolsonaro naquela semana.

Entre os amigos, mesmo no Rio, a sensibilidade não foi uma regra. Um deles vazou o meu telefone para um veículo de comunicação de esquerda que me procurou insistentemente, de maneira pouco cortês, por dias a fio. Eu não me sentia apto a falar sobre o assunto ainda. Uma pessoa tentou contemporizar o ocorrido, aos risos, me chamando de "falso gay", e ainda tenho dificuldade de perdoá-la.

Se aquele era o modo de agir de quem estava na minha órbita, fora dela o cenário era mais desesperador. No Twitter, meu nome figurou entre os assuntos mais comentados do dia, com pelo menos 14.500 menções. Parte delas era de usuários reais, mas pareciam existir muitos robôs (os *bots*) replicando mensagens padronizadas. Havia ainda dezenas de contas falsas expondo meu nome e foto. Foi criada a previsível página "Odiamos o João Saconi", que temi ficasse para sempre no ar. Foi derrubada depois de muitas denúncias minhas à plataforma.

Ainda naquele 13 de setembro, recebi um "selo" de verificação para que os usuários do Twitter soubessem diferenciar os perfis fakes do meu verdadeiro. A intenção da plataforma era evitar que os impostores publicassem declarações em meu nome, piorando a situação. A concessão do "selo" também irritou os bolsonaristas. Eles passaram a me atacar duplamente: pela reportagem e pelo "benefício" adquirido, que em nada representava uma vantagem, exceto por me diferenciar das falsificações que eles mesmos conceberam.

Via Facebook, recebi um número incalculável de mensagens ameaçadoras e ofensivas que ficaram retidas em uma pasta de *spam*, com uma saraivada de xingamentos: "Hipócrita", "Vai, vagabundo", "Pilantra", "Vai tomar no cu, babaca!", "Lixo", "Vigarista imundo", "Viadim", "Nojento safado", "Sem caráter e sem escrúpulos", "Covarde", "Filho de uma puta, bandido".

Alguns *haters* enviaram textos mais elaborados: "Pena de você, seu fracassado. Precisou se vender para mostrar serviço", dizia uma mensagem. Outra destacava um traço físico que havia me incomodado na infância: "Que lhe concedam muitos aplausos sobre suas grandes e imundas orelhas. Sua definição é naturalmente: vagabundo". As mentiras reverberadas não ficaram de fora: "Lamentável sua atitude. Se passar por uma pessoa com problemas mentais para lacrar. Você é uma vergonha para o jornalismo". Meu avô foi mencionado em um pedido, até que polido, enviado por um conterrâneo: "Por acaso você seria o repórter? Gostaria de dar uma entrevista? Sua mãe é filha do Moacir? Será que eles podem se pronunciar? (...)".

André Luiz é o nome de um usuário do Facebook que me fez sentir o maior medo de todos naquele primeiro mês. Ele postava dezenas de publicações diariamente sobre a política, dedicadas a seus 217 amigos na plataforma, memes grosseiros ironizando figuras da esquerda e jornalistas, enquanto Bolsonaro, seus filhos e aliados eram exaltados com informações nem sempre verdadeiras. Em 16 de setembro de 2019, três dias após a publicação da reportagem, André escreveu o seguinte: "Se aparecer na minha frente, te quebro inteiro pra ver se vira homem. Frutinha passada. Viado. Filho de uma grande puta. Vou te quebrar todinho. Quero ver sua atitude perto de um homem sério, honesto e honrado (...). Você não sabe no ninho de vespa em que foi mexer."

Tive medo de que a ameaça se tornasse real. Eu não sabia ainda que André era um senhor na casa dos 60 anos, que, provavelmente, vivia na Europa. As fotos que publicou em anos posteriores indicam que ele está com frequência em Matosinhos, no interior de Portugal, e que, além de política, gosta de culinária. Hoje, ele publica fotos cozinhando rosbife. Provavelmente por causa desse grande obstáculo geográfico, que eu só percebi mais tarde, ele teve tanta coragem para expressar seu preconceito datado e desmedido.

Minha rede de apoio, em contrapartida, seguia firme. Minha mãe, meu namorado à época e amigos se esforçavam para ajudar. Numa visita, um amigo insistiu para irmos à área de lazer do prédio. Disse que queria conhecer o espaço. Descemos sete lances de escada, porque eu tinha medo de quem poderia encontrar no elevador. Depois, entendi que ele estava atendendo a um pedido da minha mãe. Sem que eu estivesse ciente, ela queria que eu passasse um tempo ao ar livre.

* * *

A crítica faz parte da vida de qualquer profissional que se expõe ao público. Um escritor que não estiver inspirado provavelmente vai ver sua obra encalhar nas livrarias. Se um autor de novelas perde o rumo de seu folhetim, a audiência vai debandar. Quando uma cantora não emplaca a música do momento, o fracasso se torna quase audível. Um documentário que não consegue retratar com verossimilhança uma figura marcante provoca o descontentamento da plateia leiga e especializada (os críticos, aliás, são figuras cujo crivo recai sobre todos esses casos). É assim que agimos ante as formas de expressão da mente.

Mesmo outros tipos de criação e de serviço são impactados pela percepção de seus consumidores. Em um restaurante, fazemos chegar ao *chef*, por meio de um garçom, que o ponto da carne está diferente. Na lavanderia, se a roupa voltar manchada, o responsável será informado do prejuízo causado. O preço errado na prateleira do mercado se tornará, enfim, uma reclamação ao caixa, que deverá cobrar o valor correto.

Na maioria das vezes, não destruímos a reputação de um autor de livros ou de novelas, de uma cantora ou de um cineasta quando não concordamos com aquilo que produziram. Também não despejamos múltiplos comentários negativos e intimidadores nas redes sociais de um *chef*, um garçom, um gerente de lavanderia ou um caixa de mercado porque o serviço não estava a contento. Obras publicizadas, como as de arte, são expostas a críticas construtivas, assim como serviços diversos. Por que com a imprensa é diferente e absolutamente destrutivo?

É verdade que os jornalistas lidam com elementos da realidade, o que não necessariamente é parte dos deveres dos escritores, dramaturgos, músicos, diretores de cinema e demais profissionais que se valem da ficção. Mas também é verdade que jornalistas, como outros trabalhadores, não deveriam ser execrados quando o que reportam desagrada a quem eventualmente possa estar sendo retratado ou mesmo à audiência. A crítica deveria ser civilizada.

É não só aceitável, como recomendável analisar o método usado em uma reportagem. A técnica *undercovered* ("disfarçado", em tradução livre), em que o repórter não se identifica durante a apuração, é debatida em faculdades de jornalismo e está prevista, com ressalvas, nos códigos de conduta de redações no país e no mundo. Em geral, seu uso é recomendado para situações de interesse público, em que a informação não seria obtida de outra forma. Esse tipo de recurso é mais comum na TV, com a utilização de câmeras escondidas.

O "The New York Times", em seu guia mais atualizado (de 26 de março de 2025), orienta que seus profissionais revelem seus nomes às fontes e personagens, sem fornecer identidades ou credenciais falsas. Na apuração da minha reportagem, me identifiquei com nome e sobrenome reais. O jornal prevê que colaboradores possam ocultar sua relação com a empresa em contextos específicos. Alguns exemplos são a cobertura de um comício ou o monitoramento de um grupo on-line ou site que seja de livre acesso.

Também é prática do "NYT" que críticos de restaurantes e de cultura, revisores de produtos e aqueles que avaliam experiências de viagens possam se eximir de revelar sua relação com o jornal para evitar tratamento incomum. A mesma lógica dos "revisores de produtos" foi considerada quando se elaborou a metodologia da reportagem sobre o curso de *coach*, para a qual fui escalado.

No Brasil, a flexibilidade em relação a esse tema é reduzida. Assim como o "NYT", a "Folha de S.Paulo" também é específica: "Identifique-se como jornalista sempre", diz a versão de 2019 do manual de redação e conduta. As exceções são descritas na sequência: "A omissão é admitida em condições excepcionais: quando houver risco à segurança do profissional ou quando a notícia, considerada de notório interesse público, não puder ser obtida de outra maneira". O jornal também prevê o emprego do recurso na avaliação de serviços, como os de restaurantes, indicando que "o anonimato profissional é recomendável" para evitar o tratamento diferenciado.

No caso do Grupo Globo, a regra é que o uso de microcâmeras e de gravadores escondidos "são legítimos se este for o único método capaz de registrar condutas ilícitas, criminosas ou contrárias ao interesse público". Os princípios editoriais, na versão de 2024, pregam "parcimônia" na utilização dessas ferramentas e recomenda que se lance mão delas em caso de "gravidade". Recomendam também que as chefias diretas analisem o risco que o jornalista correrá caso seja descoberto durante o processo de apuração.

Todos os manuais orientam que a utilização da técnica *undercovered* seja debatida, revisada e autorizada por chefias. Nenhum deles, naturalmente, prevê situações exatamente semelhantes às reportagens que irritaram Olavo de Carvalho ao retratar seu curso de filosofia, o COF, e a família Bolsonaro diante de relatos sobre o curso de *coach*. Ambas partiam da ideia da revisão de um produto ou serviço à venda, o que a mídia reconhece, de fato, como um caso excepcional no que diz respeito à identificação do jornalista. A interpretação poderia ser semelhante à da crítica gastronômica, não fosse o ingrediente político das duas propostas voltadas a observar a ideologia contida nas sessões do COF e no curso de *coach*, o que é mais complexo e subjetivo do que a degustação de um prato assinado por um *chef*.

O "tratamento especial" também poderia ser um eixo de interpretação. No caso do COF, o observador das aulas era um em meio a dezenas de alunos de Olavo em uma turma on-line. Na reportagem, Denis Russo Burgierman relata que usou seu nome verdadeiro e respondeu "a verdade para quem me fez perguntas (por exemplo, que pago minhas contas fazendo programa como jornalista)" — o "programa" era uma ironia em sintonia com a crítica dos olavistas com quem conversou. No caso da *coach*, os diálogos obedeciam à lógica "um para um" e a pauta não existiria se quem estivesse oferecendo o serviço soubesse que falava com um jornalista.

Como pensava e como fazia pensar Olavo era o que retratava a reportagem. As aulas tinham impacto não só na individualidade dos estudantes, como na esfera pública. Já a futura indicação de um membro da família presidencial a um posto diplomático importante, de embaixador nos Estados Unidos, era o pano de fundo da matéria sobre a *coach*. O modo de pensar do clã político em que ele se inseria também era objeto de atenção. Embora as aulas de *coach* revelassem detalhes desses temas públicos, elas próprias não tinham impacto coletivo, o que amplia a possibilidade de discussão sobre o quanto era necessário conhecê-las.

A escolha de uma personagem em que se centra uma reportagem também é passível de debate. Na matéria da *coach*, o Conselho Editorial do Grupo Globo entendeu, conforme nota publicada em 16 de setembro de 2019, que a escolha da nora de Bolsonaro como tema da reportagem havia sido um erro da revista, sem dolo. O código que rege as publicações do Grupo ressalta que "a privacidade das pessoas será respeitada, especialmente em seu lar e em seu lugar de trabalho". E diz também: "A menos que esteja agindo contra a lei, ninguém será obrigado a participar de reportagens". As exceções são as pessoas públicas: "celebridades, artistas, políticos, autoridades religiosas, servidores públicos em cargos de direção, atletas e líderes empresariais, entre outros — por definição, abdicam em larga medida de seu direito à privacidade".

Para o Grupo Globo, a nora de Bolsonaro não era uma pessoa pública, uma vez que levava "uma vida discreta, não participava de atividades públicas e desempenhava sua profissão de acordo com a lei". Logo, não deveria ter sido retratada naquela reportagem. Um pedido de desculpas foi formalizado no mesmo texto. Daniela Pinheiro, diretora de redação da "Época", pediu demissão no dia seguinte à veiculação da mensagem e foi acompanhada pelo redator-chefe Plínio Fraga e pelo editor Marcelo Coppola. Eles formavam a cúpula da revista e, sob a liderança de Daniela, tinham tomado as principais decisões editoriais relativas àquela reportagem.

Os três haviam divulgado uma nota em defesa da mesma reportagem, antes do posicionamento do Conselho Editorial do Grupo Globo. No texto, publicado em 13 de setembro, após o primeiro ataque de Bolsonaro, reafirmavam "o respeito à ética e a retidão dos procedimentos jornalísticos que sempre pautaram as publicações da revista". Também diziam que "a reportagem em questão não recorreu a subterfúgios ou mentiras para relatar de maneira objetiva — a bem do interesse do leitor — um serviço oferecido publicamente, com cobrança de taxas divulgadas nas redes sociais". A negativa sobre os "subterfúgios ou mentiras" era uma tentativa de responder à afirmação de Bolsonaro sobre a minha sexualidade.

Os mesmos princípios editoriais do Grupo Globo também preveem que "ninguém pode ser perseguido por se recusar a participar de uma reportagem", regra em linha com a chamada "cláusula de consciência" do Código de Ética do Jornalista Brasileiro, da Federação Nacional dos Jornalistas (Fenaj). De acordo com o documento, é direito do profissional da imprensa "se recusar a executar quaisquer tarefas" que agridam as normas profissionais ou "as suas convicções". Embora tenha sentido desconforto diante da tarefa que me fora atribuída, não fui capaz de manifestar essa recusa. Entendo que a identificação do jornalista é fundamental. É dessa maneira que procedo sempre que abordo uma fonte, deixando claro meu nome e para qual veículo estou trabalhando, como também a destinação da informação solicitada. Em muitas situações, sou específico ainda sobre o percurso da minha apuração (quando o comentário não expõe outras pessoas envolvidas) e compartilho, inclusive, motivações por parte das escolhas jornalísticas que faço.

Enquanto cumpria a tarefa das sessões de *coach*, sob a liderança de jornalistas mais veteranos, tentei me ater às premissas importantes para mim. Eram preocupações sensíveis, como, por exemplo, quais informações pessoais minhas seriam compartilhadas nas aulas de autoconhecimento. E também a importância de, ao fim da apuração, procurar a personagem para que ela tivesse o direito de se manifestar sobre o relato de sua atuação profissional (o que chamamos de "outro lado").

Ainda assim, tendo em vista os desdobramentos que vieram em seguida, construí, com o tempo, a avaliação de que a "cláusula de consciência" teria sido uma ferramenta legítima para que eu comunicasse desconfortos e, eventualmente, recuasse da tarefa. Entendo, porém, que uma negativa nesses termos, embora seja um direito inerente ao ofício, na prática, se torna mais palpável ao jornalista conforme ele progride na profissão. No início da carreira, é compreensível que confie na experiência de quem o está pautando e, em alguns casos, tenha receio ou dificuldade de sinalizar discordâncias.

No debate público da classe jornalística, a publicação foi avaliada de diferentes maneiras. O jornalista Luís Nassif, que integrou o Conselho Editorial da "Folha de S.Paulo", opinou que a reportagem sobre a *coach* "pode dar margem a muitas discussões", mas "não foi desabonadora para a personagem, não rompeu sigilo profissional, já que o sigilo é prerrogativa do paciente, não do psicólogo". Ele também afirmou que o tema seria de interesse público, posto que a personagem "é esposa de um homem público que irradia preconceitos por todos os poros". Havia um contraponto, na visão de Nassif: "Não se tratava de personagem público, mas apenas da esposa de personagem público".

Mauricio Stycer, então colunista do "UOL" e, anteriormente, redator-chefe da "Carta Capital" e membro da equipe que criou a "Época", lembrou que "há inúmeros casos de descobertas importantes" feitas por jornalistas que conduziram apurações sem se identificar. Sua análise, no entanto, questionava se o tema da reportagem justificava o tipo de abordagem e o esforço para realizá-la. "Na minha opinião, diante do exposto na matéria, não se justificou", dizia Stycer.

O "Observatório da Imprensa", em um texto assinado pela equipe da plataforma, fundada em 1996, defendeu que era "hora de o jornalismo mirar a utilidade pública". Segundo os responsáveis pelo veículo, dedicado à análise crítica da mídia, "para além de uma tendência de caça às bruxas que domina o ambiente de intolerância e sectarismo das redes sociais, o acontecimento é uma possibilidade de ampliarmos as lentes sobre o papel do jornalismo no atual contexto".

Assim como a crítica, outro instrumento que detém o condão de ajudar a balizar o trabalho jornalístico, se necessário, é a Justiça. Se provocados, magistrados podem avaliar se determinada reportagem, observada as premissas da liberdade de expressão e de imprensa, incorreu em irregularidade para a qual caiba reparação. Ações do tipo podem fazer sentido diante de imbróglios específicos — muitas vezes, porém, acabam sendo abertas para perpetuar o assédio via Judiciário, monitorado por entidades de classe como um componente da violência. No caso da *coach*, entre idas e vindas processuais, entendeu-se, na tramitação encerrada em 2023, que a personagem teria direito a uma indenização, em valor parcial ao solicitado, já que ela fora retratada (em fotos, inclusive) em uma publicação comercial, sem que tivesse autorizado formalmente a exposição.

Longe dos tribunais, ainda é possível questionar outras frentes de uma reportagem, sem danos ao autor: a veracidade das informações, o tom do texto, a priorização de alguns tópicos em detrimento de outros, tudo isso é passível de escrutínio.

***

Naquele ano de 2019, seis meses antes, durante o carnaval, Bolsonaro já havia recorrido a referências à sexualidade para amplificar o alcance do que escrevia nas redes sociais. Muito criticado em sátiras por escolas de samba e blocos, o então presidente publicou um vídeo do cortejo Blocu, que cruzava as ruas de São Paulo. Nas imagens, sem o pudor necessário, um homem dançava e se abaixava para que outro pudesse urinar nele. O ponto de Bolsonaro era: "Não me sinto confortável em mostrar, mas temos que expor a verdade para a população ter conhecimento e sempre tomar suas prioridades. É isto que tem virado muitos blocos de rua (...)".

No dia seguinte, após a repercussão mundial do vídeo em jornais como "The New York Times", "The Guardian" e "Le Monde", ele escreveu, de forma irônica: "O que é *golden shower*?". A simplicidade da pergunta gerou risos e virou meme. A mentira sobre a minha sexualidade, no entanto, nunca teve graça alguma (novamente: "O jornalista João Paulo Saconi se passou por gay e fez sessões com minha nora (...) psicóloga, esposa do Eduardo, e gravou tudo").

Saí do armário aos 14 anos de idade, como se dizia na linguagem ultrapassada daquele tempo. Contei primeiro à minha mãe e depois aos amigos do colégio onde lidei com o *bullying* e a homofobia de outros adolescentes, de funcionários e até de professores, sem nunca titubear em minha autoaceitação. Para tornar o processo mais fácil aos outros, como muitos jovens LGBT+, sempre busquei a excelência: o melhor desempenho acadêmico, a atuação mais destacada de qualquer ambiente e êxitos. É uma compensação e uma defesa que buscamos, de maneira exaustiva, diante dos julgamentos da sociedade. Com todo esse esforço, fingir ter qualquer orientação sexual para executar um trabalho, como dito por Bolsonaro, seria inimaginável, além de uma insinuação ofensiva.

A falsa imputação ajudou a inflamar milhares de pessoas contra mim, numa distorção da reportagem que eu assinei. Sob orientação dos responsáveis editoriais, forneci inúmeras informações pessoais (e verdadeiras) nas sessões de *coach* de autoconhecimento. Expus meu nome, idade, local de nascimento e de residência, formação familiar, traços de personalidade, conexões interpessoais, entre outras questões avaliadas como relevantes para a apuração, focada, muitas vezes, na preparação de Eduardo Bolsonaro para a sabatina que enfrentaria no Senado se quisesse se tornar embaixador. Bolsonaro não questionava nenhuma dessas informações. Só a minha sexualidade. Um tema que historicamente agitava a base de apoiadores dele.

Além de subverter minha orientação sexual, a mensagem de Bolsonaro continha outras inverdades e imprecisões. Embora a nora dele fosse, de fato, psicóloga de formação, os serviços que eu descrevia na reportagem eram de *coach*, não de psicologia. O objetivo das sessões era lidar de maneira diretiva com questões cotidianas, como programar uma viagem ou aprender a identificar (e conquistar) um sonho pessoal. Em nada as conversas se pareciam com as que tive por mais de uma década com psicólogos e psicanalistas que, de fato, me atenderam.

A diferenciação é relevante porque, a partir da publicação do presidente, seus apoiadores repetiam que eu havia “me passado por doente” e “iniciado um tratamento” para relatar o trabalho de “uma psicóloga” ou “uma médica”. Meu texto, no entanto, não mencionava em momento algum as palavras “doente”, “doença”, “patologia”, “transtorno” ou termos correlatos que deixassem margem para interpretações do tipo. Quem, como Bolsonaro, não leu a reportagem e se baseou apenas nele — a grande maioria — adquiriu uma percepção muito mais aguda sobre o episódio do que sua realidade.

Era imprecisa também a afirmação de Bolsonaro de que o conteúdo das sessões "deveria ficar apenas entre os dois", *coach* e *coachee*. Por mais que a publicação dos relatos não fosse prevista pela profissional, o sigilo dos diálogos, se houvesse, seria uma prerrogativa do cliente, não dela. Essa premissa, por sinal, só se aplicaria a consultas de psicologia, que nunca aconteceram. A maneira como Bolsonaro escolheu conduzir o tema, porém, causou confusão e agravou o tom dos apoiadores. O mesmo aconteceu quando Eduardo publicou o meu rosto e o meu nome em suas redes.

No dia seguinte às postagens de Bolsonaro e Eduardo sobre a reportagem, a Abraji divulgou nota de repúdio à postura de ambos, advertindo que presidente e deputado "incitaram seus seguidores a ofender, ameaçar e intimidar os profissionais *(da 'Época',)*", ao expor imagens e informações deles na internet. A nota classificava tal atitude como "típica de políticos autoritários e não de quem tem compromisso com o princípio constitucional que garante a liberdade de expressão". Segundo a mensagem, "quem se vale de sua posição de poder para instigar o público contra a imprensa busca restringir sua atuação — em uma democracia, é inadmissível que isso ocorra".

Ao descrever o episódio, a Abraji lembrou que Bolsonaro qualificou "parte da grande imprensa" como "inimiga", bem como "acusou o repórter João Paulo Saconi de 'se passar por gay para se consultar' com a nora do presidente, no intuito de fazer a reportagem". Para desmentir a informação falsa, a organização afirmou publicamente, com todas as letras: "O repórter não 'fingiu' ser gay". A Abraji destacava que "Saconi passou a ser atacado nas redes sociais por meio de centenas de ofensas, questionamentos agressivos e exposição de sua imagem junto a textos de desqualificação". E lembrava que Eduardo Bolsonaro "chamou o jornalista de 'mau-caráter' e publicou uma foto dele no Twitter, intensificando a onda de ataques".

A Abraji fazia menção também à campanha de ódio em curso contra editores responsáveis pela pauta e pela reportagem. Eduardo, segundo a nota, "expôs no Twitter fotos de Daniela Pinheiro e Plínio Fraga, respectivamente diretora de redação e redator-chefe de 'Época', e os qualificou como 'comparsas' (...)". Dados sobre a família de Daniela foram igualmente expostos. Em síntese, a mensagem principal da Abraji era: "Em um ambiente democrático, todos devem ser livres para cobrir qualquer assunto, da forma como considerarem adequada. A crítica aos veículos e jornalistas também deve ser livre — é normal que sua atuação passe pelo escrutínio dos participantes da esfera pública. Mas a própria democracia passa a ser alvo quando críticas se transformam em ataques, ainda mais se estes provêm de representantes eleitos e são amplificados e coordenados por redes sociais".

A Associação Brasileira de Imprensa (ABI), por sua vez, pediu que as autoridades do Rio garantissem minha "segurança e integridade física", bem como as do youtuber e empresário Felipe Neto, também alvo de ameaças (ele vinha distribuindo gratuitamente livros censurados na Bienal do Rio).

***

Foi muito difícil seguir em frente enquanto milhões de apoiadores ferrenhos de Bolsonaro repetiam sem parar o teor das afirmações do presidente sobre "o repórter João Paulo Saconi". Mais do que as adesões anônimas, o discurso foi referendado por toda a linha auxiliar do governo. Damares Alves, então ministra da Mulher, da Família e dos Direitos Humanos, disse que eu havia "me travestido" de homossexual. O portal "Terça Livre", do blogueiro bolsonarista Allan dos Santos, publicou um texto associando minha experiência profissional cobrindo carnaval à suposta "fantasia" de homossexual que eu teria usado para trabalhar. Oswaldo Eustáquio, integrante da mesma blogosfera, pediu a uma entidade de classe que me impedisse de trabalhar. Santos e Eustáquio me acusavam de ter cometido crime. Mais tarde, ambos se tornaram foragidos devido a condutas reprováveis como comunicadores.

Todo o debate sobre a reportagem aconteceu sem a minha participação. As conclusões tiradas de enquadramentos enviesados eram repetidas à exaustão e se convertiam numa enxurrada de ódio. Muito ódio. O maior ódio com que já tive contato na vida. Ódio vindo de pessoas que nunca me conheceram e que, muito provavelmente, sequer tiveram contato com o meu trabalho além da tal reportagem. Ódio pelo ódio.

***

Aprendi a identificar as ondas de ódio contra mim quase que intuitivamente, sempre que noto um princípio de animosidade virtual. Começa assim: em um dia qualquer, um estranho passa a me seguir em uma rede social. Depois, outros operam da mesma maneira, e a lista de adesões não para de aumentar. Eles até tentam, mas não conseguem enviar mensagens porque ativei configurações de segurança para evitá-las. Procuro pelo meu nome em cada plataforma, tentando entender o que pode estar sendo dito e quem estaria dizendo. É um processo cruel porque releio trechos do que foi publicado anos atrás. Com dificuldade de localizar o comentário gerador da onda, penso que posso estar sendo paranoico e, em geral, peço a alguém de confiança para refazer a mesma busca.

Uma esperança se reacende quando concluo que, apesar da suspeita, as investidas cessaram. Só que o interesse por mim continua aumentando. Os seguidores também. Em muitas dessas situações, conto com a ajuda de terceiros para entender a extensão dos danos. Como nunca sei qual será o conteúdo das novas publicações, evito olhá-las até que alguém as avalie primeiro.

Duas amigas armazenam acervos com registros do que foi dito sobre mim. Elas se encarregaram da curadoria para que eu, mesmo devendo guardar provas, não precisasse ter contato com posts nocivos. Em seis anos, contei 16 ocasiões em que fui chamado por Eduardo Bolsonaro de "vagabundo", "canalha", "jornalista fake", "militante travestido de jornalista", "moleque" ("impossível falar homem") e "filha da mãe". Ele foi o autor das publicações de maior repercussão a meu respeito.

O conteúdo do deputado em que esses termos foram mencionados de maneira pejorativa somaram 20.500 compartilhamentos e 313 mil "curtidas". O Congresso Nacional foi palco dos mesmos comentários em pelo menos duas ocasiões no plenário e em comissões. Num dos colegiados, parlamentares bolsonaristas tentaram emplacar uma convocação para eu prestar depoimento sobre fake news, mesmo não tendo publicado mentiras.

Quando proferidas em transmissões ao vivo, as citações ofensivas de Eduardo tiveram público total acima dos 2,5 milhões de usuários. Uma delas aconteceu em 22 de fevereiro de 2021, um ano e meio após a publicação da reportagem que o incomodou. Estava na piscina do meu condomínio, de férias, quando um amigo de infância mandou mensagem alertando que o meu nome havia sido citado no "Flow Podcast", um dos maiores programas do segmento no país.

Acessei o conteúdo e constatei que cerca de 110 mil pessoas assistiram simultaneamente a Eduardo Bolsonaro dizer: "(...) É o João Saconi, mesmo filha da mãe que fez aquela matéria sacana contra a minha esposa". O parlamentar atribuía a mim uma reportagem sobre dois imóveis que ele comprara parcialmente com dinheiro vivo. Só que eu não havia participado daquela apuração.

Situação semelhante se repetiu em 8 de janeiro de 2022. Eu estava de férias quando Eduardo Bolsonaro resolveu recuperar o caso em uma publicação nas redes sociais. O motivo era a insatisfação dele com uma iniciativa do Ministério Público Federal (MPF), que cobrava explicações do Twitter sobre a concessão de "selos" de verificação a contas que compartilhavam notícias falsas (uma ativista bolsonarista entre elas). Como eu também havia recebido o "selo" de verificado para que pudesse me diferenciar das contas falsas criadas por apoiadores dos Bolsonaro, virei alvo novamente. Eduardo Bolsonaro ironizou: achava "curioso" que os procuradores do órgão não tivessem investigado a verificação que recebi da rede.

A reportagem que eu publicara já tinha completado mais de dois anos. Desta vez, o parlamentar afirmou que eu não tinha "qualquer valor moral", afirmando ainda que eu fora promovido após o episódio, o que nunca aconteceu. A mensagem republicava o antigo tuíte de Jair Bolsonaro sobre o jornalista que teria se "passado por gay" para reportar sobre uma pessoa da família dele. Tudo de novo.

Publiquei uma resposta a esses ataques. Escrevi em 10 de janeiro: "Deputado, minha conta foi verificada somente porque apoiadores da sua conta do Twitter criaram inúmeros fakes meus na ocasião. Usurparam meu nome, foto (exposta nas suas redes) e profissão para se passarem por mim enquanto eram incentivados a agir assim. O 'selo' veio apenas para interrompê-los. Minha atuação profissional não carece do status/selo e eu renunciaria a ele com tranquilidade para não ter meu nome envolvido aleatoriamente nesse debate. Tenho certeza de que o MPF (e o senhor, enquanto parlamentar) tem prioridades que não sejam investigar minha conta. Ainda em tempo, a publicação contém outras inverdades, além dos ataques à honra. No foro profissional:

sou repórter da mesmíssima redação desde 2018 (o caso é de 2019 e não modificou minha atuação). No foro pessoal: nunca me 'passei por gay' para escrever essa ou qualquer matéria. Simplesmente sou gay. De maneira tão nítida e inconteste quanto os meus valores morais, dos quais também me orgulho. Um abraço". Ele não comentou.

* * *

Passada a onda inicial de ataques, ainda em 2019, protocolei duas queixas-crimes na 6ª Delegacia de Polícia do Rio, com auxílio do jornal. A primeira, sobre a ameaça do André Luiz (o senhor de 60 anos que me atacou no Facebook), nunca avançou; como ele provavelmente morava no exterior, imagino que as apurações tenham sido prejudicadas. A segunda dizia respeito a uma outra ameaça postada com uma foto minha, compartilhada à época por Eduardo Bolsonaro. Escreveu um apoiador dele em 14 de setembro daquele ano: "Já está na hora de começar a morrer jornalista pra aprender a respeitar os outros. Começar com os da Globo Lixo".

A polícia identificou o autor da publicação. Em depoimento, o homem por trás daquela conta, chamado Flávio, assumiu a responsabilidade. Passou a responder a uma ação que poderia resultar em sua prisão por até seis meses. Ficamos frente a frente numa audiência em 22 de janeiro de 2020, no 3º Juizado Especial Criminal do Rio. Diferentemente do que demonstrava na internet, Flávio se apresentava como um homem cordial e parecia desorientado diante dos questionamentos feitos pelo juízo. Estava acompanhado de uma mulher que o ajudava a lidar com a situação e era até menos comedida do que ele.

Flávio disse que sequer me conhecia. Ainda assim, havia desejado (ou, pior, ameaçado) a minha morte somente por se tratar de um jornalista. Também argumentava que, ao comentar a publicação de Eduardo, não sabia que estava se dirigindo a mim, ainda que minha foto estivesse estampada no conteúdo. Era quase como se ele tivesse caído de paraquedas na audiência. Desculpou-se, mesmo dizendo nem saber o que tinha feito.

Dada a natureza conciliatória do encontro, Flávio aceitou publicar uma retratação em seu perfil. Também sugeri que ele pagasse uma quantia, ainda que simbólica, a uma das entidades responsáveis pela proteção da liberdade de imprensa e dos jornalistas. Ele, porém, afirmou estar desempregado e se comprometeu somente com a publicação nas redes. Eu e o magistrado concordamos. A partir de um texto que combinamos, ele postou: "Tendo em vista tal comentário, venho aqui pedir desculpa pelo crime cometido, uma vez que reconheço o desrespeito e a ameaça ao jornalista João Paulo Saconi, a quem o comentário foi dirigido, e a toda classe jornalística".

Dos detratores com quem lidei, de Flávio não guardei um sentimento ruim. Entendo que audiência e retratação tiveram um papel pedagógico para aquele homem, que certamente não imaginou ter que prestar explicações à polícia e ao Judiciário por deixar na internet um comentário ameaçando a vida de alguém. O caso também foi pedagógico para mim: compreendi na prática o quanto era profunda a fissura entre nós, jornalistas e público. Flávio, por pior que fosse sua conduta, fazia parte da audiência. Desejava que jornalistas morressem, mas, quando confrontado, não tinha sequer repertório para explicar o porquê. Seu objetivo era atacar a classe. A equação se mostrava muito mais complexa do que um binômio entre agressores e vítimas; bolsonaristas e jornalistas; petistas e imprensa; mocinhos e bandidos. Entre a partida e a chegada, havia um labirinto. Foi tentando achar a saída que "Vocês da Imprensa" começou a ser escrito.

• capítulo 2 •

VOCÊS DA IMPRENSA

Tendo como ponto de partida o que estava vivenciando, propus uma abordagem de pesquisa que me inseriu no Programa de Mestrado em Comunicação e Cultura da UFRJ, em 2021. Retornei justamente à universidade em que me graduei com a missão de dissecar o fenômeno que me atingira. Em paralelo, mantive a atividade de repórter, que jamais cogitei abandonar. Abrir mão dessa função seria entregar à horda exatamente o que ela queria.

Meu primeiro passo como pesquisador foi uma tentativa de compreender a extensão do problema com o qual eu e os demais colegas em redações estávamos lidando. Fiz isso por meio de uma análise teórica e estatística.

Do ponto de vista teórico, minha interpretação se tornou mais completa graças aos estudos que o professor Muniz Sodré vinha conduzindo sobre o que ele chamava de "sociedade incivil" e de "incivilismo". Orientador da minha pesquisa, o professor, um dos mais referenciados do país na Comunicação, havia publicado em 2019 um artigo, assinado em conjunto com a professora Raquel Paiva, em que eram fundados esses novos conceitos.

Sodré e Paiva entendiam que o capitalismo em crise havia subvertido a ideia de "civilidade", como se a "sociedade civil" estivesse de cabeça para baixo. Estariam fragilizados, portanto, diversos instrumentos por meio dos quais a coletividade entenderia a si mesma como uma só. No livro "A sociedade incivil — Mídia, iliberalismo e finanças" (Editora Vozes, 2020), em que aprofundou a discussão, Sodré descreveu a crise representativa como uma "desestabilização das formas consensuais de representação do mundo".

Entre as formas consensuais em degradação atreladas ao capitalismo, estariam os sistemas de governo e a política. E, também, conforme identifiquei em minha pesquisa, o jornalismo enquanto forma de fiscalização e registro desses poderes. No "incivilismo", segundo Sodré, o real acabaria "sequestrado" por "discursos subterrâneos e humanamente controláveis", sobretudo por meio da tecnologia. O ódio, então, emergiria como uma forma social. E as instituições antes tidas como representativas, de repente, estariam sob ataques contínuos.

* * *

Jornalistas formam entre si uma espécie de instituição informal, passível de ser deteriorada por "incivis"? Foi como uma resposta a essa pergunta que vi despontar, a partir de buscas em entrevistas antigas de políticos brasileiros, a expressão "vocês da imprensa". O título deste livro já foi repetido exaustivamente em declarações de autoridades do país, em qualquer uma de suas fases históricas. Reiterado tantas e tantas vezes, o jargão reforçou por décadas uma percepção inconfessa de que, aos olhos do poder, o jornalismo estava à parte da sociedade.

Exemplos não faltam. Em abril de 1978, o general João Baptista Figueiredo, último presidente da ditadura militar (1979 a 1985), era entrevistado pelos repórteres Getulio Bittencourt e Haroldo Cerqueira Lima, da "Folha de S.Paulo". Ainda antes de vestir a faixa presidencial, ele já criticava a ansiedade dos jornalistas por notícias. Disse: "Vocês da imprensa querem publicar coisas sobre o acordo atômico com a Alemanha, ou sobre a Binacional Itaipu, que nesse momento não devem ser publicadas. Mais tarde, sim".

Jair Bolsonaro, o próximo militar (da reserva) a ocupar a Presidência desde Figueiredo, colecionou citações em que se referia a "vocês da imprensa" — todas negativas, entre 2019 e 2022, enquanto esteve no cargo. Em janeiro de 2020, o então presidente vociferou contra jornalistas e, não satisfeito em tratá-los como um grupo alheio ao restante da população, disse publicamente que eles seriam uma "raça" ou "uma espécie em extinção". Chamada de "estapafúrdia" pela ABI, a fala aconteceu na porta do Palácio do Alvorada em resposta a um questionamento sobre o cronograma para a aprovação de reformas administrativa e tributária (que, aliás, não saíram do papel). "Eu não vou provocar uma crise porque olha só: para vocês da imprensa aí. Essa frase não é minha. Eu quero que vocês mudem. Quem não lê jornal não está informado, e quem lê está desinformado. Tem que mudar isso. Vocês são uma espécie em extinção (...). Vocês são uma raça em extinção".

O uso da expressão "vocês da imprensa" já tinha perpassado declarações de Dilma Rousseff e Michel Temer, antecessores de Bolsonaro. Em dezembro de 2012, a presidente — primeira mulher no cargo no país — defendeu o então ministro da Fazenda, Guido Mantega, de críticas feitas pela revista britânica "The Economist". Para a publicação, Dilma deveria demiti-lo por causa das "previsões excessivamente otimistas" que teriam feito os investidores "perderem a fé" na economia do Brasil. Dilma rebateu: "Vocês da imprensa brasileira não sabem que a situação deles *(no exterior)* é pior que a nossa? Pelo amor de Deus (...). Nenhum banco como o Lehman Brothers quebrou aqui".

Quando ainda era somente cogitada como presidenciável por aliados, em setembro de 2008, Dilma já registrava em suas falas que jornalistas tinham um papel diferenciado: "Não trabalho com hipóteses. Eu sou ministra experiente o suficiente para nunca me enrolar com vocês da imprensa".

Temer (2016 a 2018), a seis meses de deixar o governo, discorreu sobre a própria relação com a imprensa durante seu mandato, iniciado a partir do impeachment de Dilma. Declarou ao jornal "Correio Braziliense": "Há poucos dias, ouvi de um colega de vocês da imprensa que via algo incrível. Batiam em mim, e ainda assim eu mantinha a liberdade de imprensa (...)". No trecho, Temer respondia à pergunta "Como o senhor quer ser julgado pela história?" e fazia referência à própria habilidade, nas palavras dele, de respeitar o jornalismo profissional em deferência a uma "ordem constitucional".

Lula, portador da caneta mais poderosa do país durante a conclusão deste livro, não fugiu à regra. Ao fim de seus dois primeiros mandatos, de 2003 a 2010, o político ajudou a eleger Dilma e discursou para comemorar a vitória dela: "Uma das pessoas que mais capacidade de trabalho eu conheci na vida (...) Que não tem horário, não tem sábado, não tem domingo (...). Que vai fazer vocês da imprensa sofrerem um pouco e caminharem (...)".

Antes de conquistar seu terceiro mandato (2023 a 2026), Lula continuou a se referir aos jornalistas da mesma maneira. Em 2018, prestes a ser preso em decorrência de condenações judiciais (anuladas posteriormente), ele concedeu entrevista à "Folha", em que cobrava apurações mais aprofundadas dos jornalistas sobre a Operação Lava Jato, originalmente dedicada a combater a corrupção ligada à Petrobras. Disse então Lula: "Eu não tenho que encontrar saída. O que vocês da imprensa têm que pedir são provas. Vocês não podem retratar *ipsis litteris* a mentira da Polícia Federal". Ele fazia referência às acusações de corrupção passiva e lavagem de dinheiro, sob a alegação de que teria aceitado um apartamento tríplex no Guarujá, no litoral de São Paulo, como propina supostamente paga pela construtora OAS — o caso foi arquivado em 2022.

Falas sobre "vocês da imprensa", como as de Figueiredo, Bolsonaro, Temer, Dilma e Lula, ilustram a vasta importância vista no trabalho jornalístico por parte dessas pessoas investidas de poder. Mais do que isso, a menção segue se repetindo porque, conforme identificado na pesquisa que fiz — que começo a detalhar algumas páginas adiante —, os jornalistas também são investidos profissionalmente de um *ethos*, conceito grego emprestado pela antropologia para designar características comuns a um grupo de indivíduos. O teórico Nelson Traquina, referência para os estudos de jornalismo, foi quem conceituou sobre esse *ethos*. Para ele, tratava-se de "uma forte identidade profissional" equivalente a "toda uma cultura constituída por uma constelação de crenças, mitos, valores, símbolos e representações que constituem o ar que marca a produção das notícias". Na mesma linha do autor, a política também reconheceu a existência dessa constelação quando elegeu sistematicamente como interlocutores "vocês da imprensa".

***

Extrapolando essas e outras conjecturas acadêmicas sobre o papel do jornalismo e de que maneira estava sendo encarado pela audiência, recorri também a estatísticas para avançar sobre o fenômeno da violência. Mapeei as que já existiam e, naquilo que elas não alcançavam, trabalhei para ajudar a expandi-las. A base que deu norte à minha pesquisa é formada por relatórios produzidos anualmente pela Federação Nacional dos Jornalistas. Fundada em 1946, a entidade acompanha, desde o fim da década de 1980, casos de violência contra profissionais da imprensa no exercício da profissão. O objetivo é sinalizar potenciais danos à circulação de informações e, portanto, à liberdade de imprensa.

Graças à capilaridade de seus 31 sindicatos pelo país, a Fenaj promove uma busca ativa de informações sobre denúncias e ocorrências contra jornalistas, coletadas ao longo do ano e disponibilizadas ao público. A série histórica disponível começou a ser contabilizada em 1998, embora não contenha dados de 2002, 2003 e 2004 — não houve produção de relatório nesses anos, segundo a entidade. O material é considerado um retrato aproximado da hostilidade contra a profissão, uma vez que a organização acredita que muitos casos permaneçam subnotificados, seja porque os profissionais naturalizaram a violência a ponto de não a identificar, seja porque ignoram as situações, temendo não encontrar respaldo de colegas (superiores), empresas e autoridades.

Os relatórios da Fenaj incluem recortes regionais. O Sudeste (São Paulo, sobretudo) costuma concentrar o maior número de episódios. O Centro-Oeste (leia-se: Brasília), porém, tomou a frente entre 2020 e 2022, quando a disputa política do país recrudesceu a ponto de colocar em ebulição permanente a Praça dos Três Poderes.

Também há destaques relativos ao gênero das vítimas. Em todos os anos, elas foram de maioria masculina, em consonância com o perfil pouco diverso das redações. São compilados ainda os meios de comunicação onde atuam os jornalistas agredidos, bem como os contextos em que foram acometidos, a categorização dos agressores e os tipos de atrocidades a que foram submetidos.

A lista é longa e inclui assassinatos; detenções e prisões; sequestro e cárcere privado; agressões físicas, verbais e ataques virtuais; ataques cibernéticos; ameaças e intimidações; atentados; censuras; cerceamentos por ações judiciais; descredibilização da imprensa; impedimentos ao exercício profissional; injúrias raciais e racismo; e violência contra a organização sindical. Desde o início da série, as agressões físicas, verbais e os ataques virtuais foram os mais comuns.

Ao longo de 25 anos, a Fenaj catalogou 3.152 casos contra jornalistas e profissionais de mídia no país. O somatório foi elaborado durante a criação deste livro. Quando observado o recorte temporal da década que antecedeu sua publicação, entre 2013 e 2023, foram computados 2.473 episódios, equivalentes a 78,4% do total catalogado pela organização desde 1998.

Além da alta concentração de ocorrências no período, os números desses dez anos também mostram curvas quase sempre ascendentes desde as Jornadas de Junho de 2013, quando a brutalidade contra a imprensa explodiu para um patamar 133,3% maior que o do ano anterior. Outros eventos políticos também marcaram oscilações relevantes, como a polarização nas eleições presidenciais de 2014 (129 casos) e 2018 (135), bem como o impeachment de Dilma Rousseff em 2016, precedido de manifestações (161 casos no ano). Em 2020 e 2021, pico da selvageria em plena pandemia, foram 428 e 430 casos, respectivamente. A tendência de alta só foi revertida a partir de 2022, mas ainda assim os episódios anuais seguiram (muito) acima da média anterior ao início da escalada.

Samira de Castro, então presidente da Fenaj, descreveu em 2023 que, até dez anos antes, os casos verificados pela entidade eram territorializados e relacionados à cobertura de pautas locais. As vítimas, até aquela altura, estavam geralmente envolvidas na cobertura de câmaras de vereadores, assembleias legislativas, prefeituras e governos estaduais, quando não eram repórteres investigativos debruçados sobre ocorrências criminais e segurança pública.

O mais notório desses repórteres foi Tim Lopes, jornalista da TV Globo torturado e assassinado a mando do tráfico de drogas, em 2002, enquanto produzia uma reportagem na Vila Cruzeiro, Zona Norte do Rio. O caso chocou o país — a Abraji, aliás, nasceu em resposta à morte de Tim. Na última década, de acordo com Samira e a Fenaj, o perfil das agressões mudou: elas se tornaram nacionalizadas e passaram a mirar jornalistas cujas pautas são ligadas a acontecimentos nacionais, como a cobertura política.

Episódios violentos contra jornalistas ano a ano

DE ACORDO COM A FEDERAÇÃO NACIONAL DOS JORNALISTAS (FENAJ)

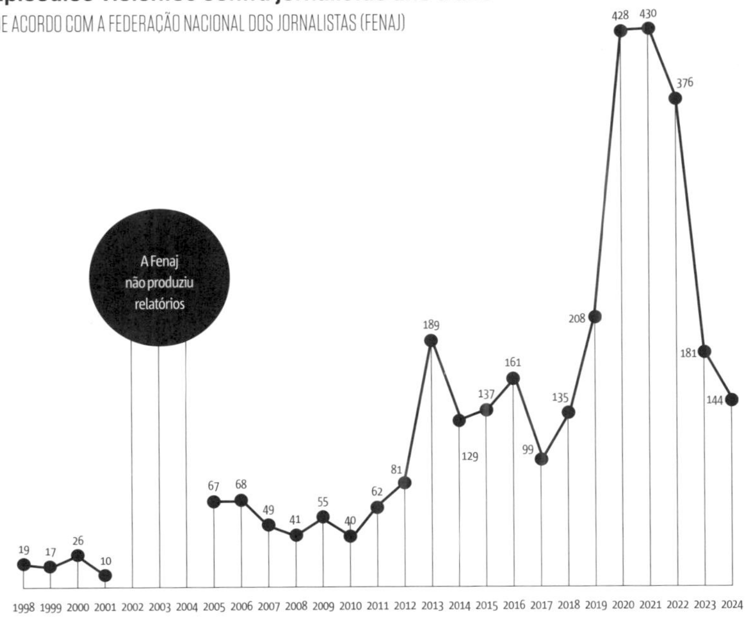

Série histórica de dados coletados pela Federação Nacional dos Jornalistas (Fenaj), 1998 a 2024.

Uma atividade de risco. Esse é o diagnóstico que inferi, durante a pesquisa, enquanto analisava as informações levantadas pela Fenaj. Junto delas, também busquei dados que pudessem indicar se, para o universo do direito do trabalho, a construção da notícia também vinha figurando como uma atuação perigosa. Descobri que não. Pelo contrário, aliás. Mecanismos que monitoram as condições laborais das profissões no Brasil ainda não tinham captado em seus radares o crescente risco à imprensa. O alerta estava restrito às entidades de classe.

Iniciativa do Ministério Público do Trabalho (MPT) e da seção brasileira da Organização Internacional do Trabalho (OIT), o Observatório de Saúde e Segurança do Trabalho catalogou a incidência de acidentes de trabalho por classe profissional entre 2012 e 2022. A fonte do repositório foi o Instituto Nacional do Seguro Social (INSS). Mais afetados por episódios do tipo, os técnicos de enfermagem sofreram 313,6 mil acidentes de trabalho na década, que incluiu o auge da pandemia da Covid-19. Nesse mesmo período, somente 140 episódios do tipo envolvendo jornalistas entraram para as métricas oficiais analisadas pelo observatório. O patamar entre as duas classes era díspar em 2.240 vezes: um abismo discrepante — observadas, é claro, as devidas proporções entre as atuações em cada área.

Acidentes trabalhistas, para a lei brasileira, são eventos que ocorrem "pelo exercício do trabalho a serviço da empresa". Eles implicam "lesão corporal ou perturbação funcional que cause a morte ou a perda ou redução, permanente ou temporária, da capacidade para o trabalho". Essa mesma legislação (mais precisamente a lei de número 8.213/91) equipara os acidentes a uma série de situações que, se colocadas em perspectiva, estão intimamente ligadas com aquelas enfrentadas por jornalistas, conforme lista anualmente a Fenaj.

Na letra da lei, por exemplo, é um acidente de trabalho qualquer "ato de agressão, sabotagem ou terrorismo praticado por terceiro ou companheiro de trabalho". Ora, os relatórios da federação indicam que as agressões são justamente as que mais acometem jornalistas: por que elas não são convertidas em estatísticas oficiais perante o direito do trabalho? Também é equiparável a "ofensa física intencional, inclusive de terceiro, por motivo de disputa relacionada ao trabalho".

Não é, nem de longe, sob esses contornos legais que o mercado jornalístico encara as situações vividas por seus profissionais. Não só as empresas, como também seus empregados, costumam naturalizar os episódios de violência, como se eles fossem indissociáveis da lida com a notícia e com as fontes. Assim, a ferramenta que muitas vezes se adota é a do silêncio, o que detém a busca pela garantia de direitos e, ao mesmo tempo, suprime o mapeamento de índices.

***

Para ajudar a suprir a lacuna de estatísticas aprofundadas com a qual me deparei na pesquisa, dediquei 70 dias para entrevistar jornalistas de todo o país a respeito de episódios de violência que pudessem ter sofrido. Entre 1º de junho e 10 de agosto de 2023, fiz contato com centenas de profissionais via redes sociais, bem como através de grupos virtuais em que estavam inseridos. O estudo quantitativo seguiu a teoria proposta pelo cientista social Antonio Carlos Gil, em sua ampla bibliografia sobre métodos e técnicas de pesquisa. A partir dos preceitos dele, elaborei um questionário autoaplicado (isto é, respondido individualmente pelo entrevistado) com 45 perguntas, divididas em dois blocos: o primeiro sobre o perfil daquele ou daquela profissional e o segundo dedicado à temática da violência. A organização obedecia à técnica chamada por Gil de "funil", em que cada uma das questões está encadeada de alguma maneira às anteriores, garantindo respostas mais específicas conforme se avança. Na elaboração das perguntas, levei em conta traços da minha própria experiência, bem como detalhes que li em relatórios da Fenaj.

O material ficou disponível na internet por meio do site "Vocês da Imprensa", criado por mim como ferramenta de suporte à pesquisa. Quem o acessava, a convite, podia optar entre se identificar ou não, uma vez que há veículos de comunicação que restringem a participação de seus contratados em pesquisas de opinião. Ainda assim, todos os 203 respondentes forneceram endereços de e-mail válidos, o que foi necessário para garantir que não existissem contribuições de pessoas alheias ao jornalismo. E só 16,3% ocultaram a identidade.

Dos 203 profissionais, a maioria era do Rio de Janeiro (44,3%), Distrito Federal (26,6%) e São Paulo (20,7%), localidades onde estão as maiores redações e sucursais dos grandes veículos de comunicação do Brasil. Também houve respostas vindas de Bahia (2%); Amazonas (1,5%); Rio Grande do Sul (1,5%); Minas Gerais (1%); Pernambuco (1%); Ceará; Goiás; e

Santa Catarina (os três últimos com 0,5% cada). Do total, 94,1% informaram que viviam e trabalhavam nas capitais desses estados, ante 5,9% que moravam no interior. E 99% trabalhavam na construção de notícias no momento das respostas.

Na divisão por gênero, houve equilíbrio: 52,7% se identificaram com o masculino, e 47,3%, com o feminino. No recorte por idade, a maior parte informou ter entre 30 e 39 anos (41,4%), seguida daqueles com 20 a 29 anos (36,9%).

Em linhas gerais, a amostra incluiu principalmente jornalistas formados em comunicação social e/ou jornalismo (96,6%); com a graduação concluída após o ano 2000 (85,7%) e a entrada no mercado de trabalho iniciada na sequência do fim da faculdade durante esse mesmo intervalo temporal pós-2000 (86,7%). Predominaram também funcionários contratados com carteira assinada (89,7%), o que obrigava a sua proteção por parte das empresas, devido à lei.

Na hierarquia corporativa, os entrevistados informaram que estavam, em ordem decrescente, alocados como repórteres (68%); redatores ou editores de texto (9,4%); gestores ou editores e subeditores (8,9%); produtores (4,9%) e colunistas (4,4%). Os apresentadores eram 3,4%, enquanto as funções de fotojornalistas e *freelancers* foram representadas cada uma por parcelas de 0,5%.

Quando o foco chegou ao conteúdo produzido por esses profissionais, muitos deles declararam que criavam notícias por escrito (para veiculação impressa e digital, 73,4%) ou em formato audiovisual, com destaque para a TV (23,6%). Fotografias e demais formatos corresponderam à menor parte da produção (3%). Entre as pautas, eram preponderantes as de política (66,5%), seguidas pelas de economia (36,9%); cidades e/ou local (33%) e polícia (25,6%). Depois, vieram ciências e saúde (18,7%); internacional (17,2%); cultura (16,7%); dados (12,8%) e esportes (8,9%). Cada profissional, naturalmente, podia estar atuando em mais de uma temática naquele momento. Quando estavam no expediente, 82,8% deles atuavam em menor (47,8%) ou maior (35%) escala nas ruas, em coberturas *in loco* — e, portanto, sob mais riscos. Só 16,7% permaneciam sempre nas redações.

* * *

A pergunta crucial do questionário, feita aos 203 jornalistas, era se, desde que começaram a trabalhar, já tinham sofrido episódio de violência decorrente da atuação profissional. Respostas positivas vieram de 173 deles, o equivalente a 85,6% do total. Metade das vítimas afirmou que viveu mais de três experiências dessa natureza, reforçando a percepção de que o fenômeno é sistemático, não só pontual (casos únicos foram só 15,6%). Quando questionados se conheciam colegas também abordados com hostilidade, 98% assentiram. E, do total, 79,8% se lembravam de pelo menos três outros profissionais atacados.

Respostas sobre quando as agressões aconteceram ajudaram a confirmar as percepções dos relatórios da Fenaj a respeito do aumento da violência a partir de 2013. Sobre aquelas sofridas por colegas, 40,9% dos jornalistas responderam que as ocorrências ou parte delas tinham sido entre 2013 e 2019, enquanto 86,2% sinalizaram que o intervalo entre

2019 e 2022 abarcou também os casos que conheciam. A alta a partir das Jornadas de Junho já tinha sido identificada pela Fenaj. A organização, aliás, criou em 2019 uma categorização especial para tentativas de descredibilização da imprensa, o que também elevou os registros nos últimos anos.

Você considera já ter sido vítima de qualquer tipo de violência por causa da atuação profissional na produção de notícias, desde que começou a trabalhar na área?

Pesquisa quantitativa com 203 jornalistas/dissertação de mestrado de João Paulo Saconi (UFRJ), junho a agosto de 2023.

Uma série de outras respostas dos 203 jornalistas ajudou a esmiuçar o que os números já existentes sobre a violência profissional indicavam, mas ainda eram incapazes de dizer explicitamente. O objetivo era entender se, por causa da agressividade, as vítimas foram obrigadas a se afastar do trabalho, mudar de função ou de área de cobertura no jornalismo e, ainda, de endereço residencial. O questionário também buscava saber quais tipos de ataques elas tinham sofrido, a partir da tipificação proposta pela Fenaj em seus relatórios — as agressões verbais foram as mais mencionadas, como no levantamento anual da entidade. Mais do que isso: quais pautas estavam sendo conduzidas quando os episódios aconteceram (a política, como havia indicado Samira de Castro, presidente da entidade, de fato se sobressaiu) e em que medida as redes sociais contribuíram com a agressividade, bem como a prevalência de uma ou outra plataforma em específico nessas situações.

O estudo também visou entender se fora possível a essas vítimas reconhecerem seus agressores e, em caso positivo, quem eram eles e quais funções exerciam na sociedade. Nos casos em que tinha sido possível identificá-los, "Vocês da Imprensa" quis saber: eles foram denunciados às autoridades competentes, e as empresas, informadas a respeito dos episódios? Quando foram, que tipo de apoio forneceram a seus colaboradores? Além delas, quem fazia parte das redes de apoio dos jornalistas nesses momentos de vulnerabilidade? O auxílio psicológico foi utilizado? Outras formas de autoproteção entraram no rol de indagações, como a autocensura de temas que pudessem causar conflitos, a decisão de esconder crachás ou símbolos que identificassem o profissional e sua empresa, e até a opção por não dizer, no cotidiano, que atuava como jornalista para diminuir exposição a riscos.

Em quais assuntos/editorias se inserem as notícias que podem estar conectadas às motivações do autor (ou autores) do episódio (ou mais) de violência que você considera ter sofrido? (múltipla escolha)

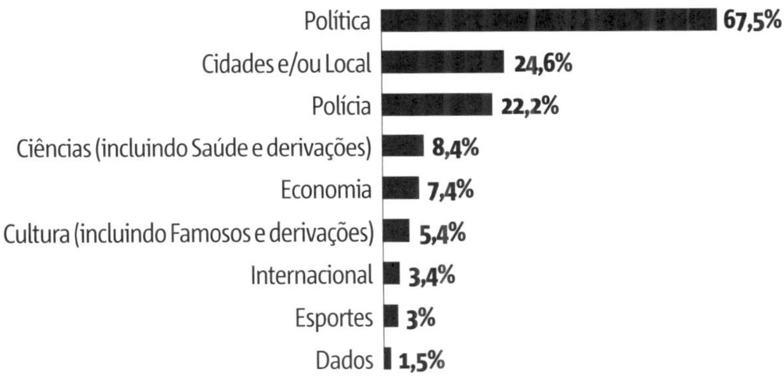

Pesquisa quantitativa com 203 jornalistas/dissertação de mestrado de João Paulo Saconi (UFRJ), junho a agosto de 2023.

Recortes identitários de raça, gênero e orientação sexual, bem como de classe social, também foram abordados. A intenção foi compreender se o fato de as vítimas pertencerem a determinadas minorias teria sido, na avaliação individual, fator determinante da violência sofrida. Por último, os entrevistados foram convidados a projetar como imaginavam que a imprensa seria tratada por seus algozes no futuro: sobretudo se a hostilidade começaria a se dissipar ou não.

* * *

Os comportamentos identificados por meio do estudo quantitativo são alarmantes. As respostas revelam que a imprensa está sob perigo contínuo, como já prenunciavam as estatísticas existentes, e vão além: para se manterem minimamente seguros, jornalistas vêm construindo hábitos mais restritos, na contramão do que preconizam as liberdades de expressão e de imprensa. Nas poucas vezes em que denunciam o drama que estão vivendo, cobrando a punição dos responsáveis, as vítimas acabam permanecendo sem respostas. Mesmo no ambiente corporativo, há falta, segundo parte dos entrevistados, de suporte efetivo. Fora dele, as redes de apoio são constituídas, principalmente, de pessoas próximas, de forma que o acolhimento se encerra nos círculos íntimos, sem a defesa ampla e pública necessária para dirimir casos mais graves.

Sete das histórias mais marcantes de violência contra jornalistas, todas registradas nos dez anos a partir de 2013, estão descritas nos próximos capítulos. Episódios envolvendo morte, agressões verbais e físicas, ameaças, vazamento de dados pessoais, exposição de fotos e tentativas sucessivas de descredibilização foram contados a partir dos protagonistas. Perfis jornalísticos aprofundados mostram quem são os profissionais retratados, incluindo os laços deles com o ofício, as origens geográficas de cada um, formações familiares, os caminhos percorridos nas carreiras e de que forma a violência os atravessou.

São casos estudados ao longo da pesquisa com depoimentos ora dos próprios atingidos, ora de seus parentes, amigos e colegas de trabalho. Também foram consultados documentos, processos, notícias, fotos e vídeos que remetem ao momento em que os fatos aconteceram — perpassam episódios políticos e históricos como as Jornadas de Junho de 2013, as eleições de 2014, 2018, 2022 e 2024, o impeachment de 2016 e os atos golpistas de 2023.

O raio-X de cada vítima é acompanhado de informações sobre agressores, políticos e apoiadores, responsáveis por tensionar a sociedade brasileira nos períodos observados. Cada episódio representa um conjunto de informações do espaço e do tempo em que aconteceu. Para melhor compreensão do contexto, os dados do estudo quantitativo de "Vocês da Imprensa" ilustram as histórias com os números coletados junto aos 203 entrevistados.

• capítulo 3 •

JORNADAS DE JUNHO DE 2023
SANTIAGO ANDRADE

Santiago Ilídio de Andrade era conhecido em casa pelo nome do meio e, no trabalho, na TV Bandeirantes, por Santi, abreviação do primeiro nome. Em ambos os lugares, no entanto, esses apelidos eram marcas menos notáveis do que o apego pelo perfeccionismo que o guiava no cotidiano da família, em Copacabana, e em duas décadas com a câmera nos ombros. Não foi diferente naquele 6 de fevereiro de 2014, aos 49 anos, quando buscava apenas o melhor ângulo para registrar um dos protestos das chamadas Jornadas de Junho de 2013.

Até chegar ao jornalismo, Santiago cumpriu uma trajetória incomum: serviu ao Exército, quando conheceu a esposa, Arlita, baiana radicada no Rio que administrava com a mãe uma creche nas redondezas da Vila Militar de Copacabana. Ele foi balconista, trabalhou nos Correios, tentou biologia marinha, jornalismo e morreu sem realizar o sonho de estudar cinema. Por sugestão da mulher, fez cursos de cinegrafia e fotografia no Senac e passou a filmar batizados, festas de aniversário e de casamento. A renda era importante para ajudar no sustento da família: ele, Arlita, os três filhos do primeiro casamento dela e Vanessa, a filha do casal nascida em 1984.

O gosto pelas filmagens nos fins de semana o levou à TV Globo, onde, em 1998, fez o curso de formação de cinegrafistas. Ele chegou à Band em 2004, por indicações de amigos, e participou de coberturas importantes, entre elas, a Conferência Rio+20 e a tragédia das chuvas na Região Serrana do Rio em 2011. Venceu por duas vezes o Prêmio Mobilidade Urbana, conferido pela Federação das Empresas de Transportes de Passageiros do Rio, com matérias em dupla com o repórter Alexandre Tortoriello, que, em 2014, descreveria ao "Globo": "Santiago era a pessoa mais fácil de gostar que eu já conheci".

* * *

A configuração do bagageiro dos carros de reportagem vinha mudando junto com o avanço da onda de protestos que tomara o Brasil a partir de junho de 2013, iniciado em São Paulo com a reação popular ao acréscimo de R$ 0,20 nas passagens dos ônibus e que, na sequência, passou a mirar a classe política, o empresariado e a própria imprensa. Antes das Jornadas de Junho, Santiago costumava guardar no porta-malas do carro de reportagem, dirigido por ele, a câmera e o tripé. Mas, com a agressividade crescente nos protestos, marcados pelo enfrentamento entre as polícias e manifestantes — que logo chegaram também ao Rio —, ele passou a incluir no bagageiro do carro da Band capacetes e máscaras contra gás lacrimogêneo e coletes à prova de balas.

Desde o início dos protestos, a violência contra os profissionais da mídia crescia consideravelmente. Segundo dados da Fenaj, dos 189 casos registrados em 2013, 77% foram em coberturas de manifestações. E a situação se repetiu em 2014: das 129 ocorrências, metade se deu em protestos. Os conflitos levaram a imprensa — alvo principalmente de manifestantes incomodados com o tom da cobertura — a reduzir sua presença nas ruas. Quando acompanhavam os atos *in loco*, os jornalistas trabalhavam à paisana.

Além das reações cada vez mais ostensivas do Estado contra os manifestantes, os protestos incluíam o autodenominado movimento Black Bloc, cuja atuação era inspirada em grupos anarquistas da Alemanha. Os rostos cobertos escondiam manifestantes, em sua maioria jovens, que defendiam ações quase bélicas contra instituições do país, incluindo a depredação de prédios públicos e privados, em favor de melhorias dos serviços oferecidos à população e da redução do preço das passagens dos ônibus. O nome mais famoso era o da cineasta Elisa Quadros, a Sininho, condenada a sete anos de prisão por coordenar um grupo de 23 pessoas que vandalizou as ruas do Rio e botou fogo na Câmara Municipal em agosto de 2013.

Os Black Bloc chegaram a invadir o Congresso Nacional, em Brasília. Quebraram vidraçarias da fachada do Palácio do Itamaraty e incendiaram, país afora, pneus e lixeiras usados em barricadas para afastar policiais. Vitrines de lojas e agências bancárias tampouco passaram incólumes. Muitos dos manifestantes agrediam os jornalistas e destruíam seus equipamentos.

A violência nas redes sociais começava a emergir. As plataformas serviam para a convocação dos atos. Jornalistas já escondiam suas informações pessoais no universo digital, com destaque para o Facebook, predominante à época. Os alvos mais visados nas ruas e nas redes eram as equipes "da ponta" do noticiário (repórteres e cinegrafistas, sobretudo).

***

O conflito daquele 6 de fevereiro de 2014, mesmo passados oito meses do estopim dos protestos, pegou Santiago desprevenido. A Band, como outros veículos, vinha reduzindo a presença de seus profissionais na cobertura dos protestos, devido aos crescentes riscos. Acompanhado da repórter Fernanda Corrêa, Santi havia finalizado uma transmissão ao vivo para o policialesco "Brasil urgente", apresentado por José Luiz Datena. A jornalista, com 27 anos à época, estava na Praça XV, no Centro do Rio, no fim da tarde, quando recebeu, por telefone, orientação para que ela e Santiago se dirigissem com urgência até a Central do Brasil, onde irrompera uma nova manifestação.

Eles teriam que produzir uma reportagem para o "Jornal da Band", principal produto jornalístico do canal, que iria ao ar à noite, com os âncoras Ricardo Boechat e Ticiana Villas Boas. Santiago teve dificuldade, mas encontrou um lugar para estacionar a Parati da emissora. De longe, ele e Fernanda acreditavam que o protesto estava se dispersando. Àquela altura, os atos já duravam menos tempo e mobilizavam contingentes menores. "Foi como se a gente tivesse entrado no cinema no meio do filme", lembra Fernanda.

Diante da câmera, a repórter precisou repetir mais de uma vez as falas. Gravou de costas para uma barricada de pneus e de agentes da Guarda Municipal. Perfeccionista como Santiago, Fernanda estava na Band desde os tempos de estagiária. Tinha aprendido com cinegrafistas mais experientes, incluindo Santi, a só deixar o local de trabalho depois que obtivesse o melhor material. Naquele dia, porém, Fernanda estava menos exigente e achou que era hora de voltar para o carro com o que já haviam conseguido registrar.

Como outros funcionários da Band no Rio, ela ainda processava o luto pelo cinegrafista Gelson Domingos, morto com um tiro no peito enquanto registrava um confronto entre policiais e traficantes na Favela de Antares, na Zona Oeste, em novembro de 2011. O caso havia mudado paradigmas de todos os veículos para coberturas daquele tipo. A imprensa passou a acompanhá-las com cada vez mais distanciamento.

"Eu agradeço infinitamente a Deus por todas as coisas que eu falei naquele dia ao Santiago. Porque sou criteriosa e sempre perguntava: 'Filmou aqui?'. 'Filmou lá?'. Mas, daquela vez, não. E se eu tivesse pedido a ele para fazer mais imagens naquele momento? Como eu carregaria isso?", indaga Fernanda. Mesmo com a decisão da colega, Santiago, tomado pelo perfeccionismo pelo qual era conhecido, decidiu ficar no local por mais algum tempo para registrar detalhes das barricadas e dos guardas.

Do carro, Fernanda continuou a trabalhar e se assustou com o barulho de uma explosão. Achou que fogos de artifício tivessem sido disparados. O legista Nelson Massini, à época professor de medicina da Universidade do Estado do Rio de

Janeiro (Uerj), chegaria à mesma conclusão no dia seguinte: o barulho fora causado por um rojão mesmo, desses vendidos em qualquer loja de fogos de artifício.

Fernanda tentou acionar Santiago por um aparelho de rádio, usado pelos profissionais da Band. Depois de algum tempo, quem atendeu do outro lado da linha foi um auxiliar de câmera de outra emissora. Ele informou que o cinegrafista fora atingido e precisava com urgência de socorro. A manifestação se convertera em um conflito generalizado. A repórter correu até o ponto em que o colega ficara e o encontrou no chão, rodeado por profissionais da imprensa e policiais. Fernanda tentava entender o incidente, enquanto um correspondente estrangeiro prestava os primeiros-socorros a Santiago até a chegada de uma ambulância. Cogitou-se levá-lo a um hospital na Parati branca da emissora, mas a polícia não permitiu. A chefe de reportagem da Band, Ludmila Fróes, à época com 43 anos, foi avisada.

Santiago foi levado para o Hospital Souza Aguiar, e Fernanda se refugiou na sala de espera, para fugir do assédio de colegas de outros veículos que, naturalmente, queriam informações ou mesmo entrevistá-la. "Eu não queria estar naquele lugar. E nem queria essa memória", relembra ela.

Ludmila também correu para o hospital. Carregava uma dolorosa sensação de culpa. Partira dela a ordem para que Santiago e Fernanda fizessem aquela cobertura. "Sempre fui uma chefe muito prudente. De ligar para saber se cada um da minha equipe chegou em casa. E de só sair do trabalho quando todos estivessem em segurança. Nunca fui embora com ninguém na rua", diz Ludmila: "Santiago era meu amigo, e a filha dele também. Essa é uma dor que vou levar para o resto da vida. Sei que não tive culpa, mas me sinto culpada. Eu teria ficado arrasada se fosse qualquer pessoa, mas era justamente o meu amigo".

À tristeza das memórias, somam-se lembranças difusas das orientações passadas à Fernanda e Santiago. Não teria sido solicitado aos dois que se aproximassem do protesto, por exemplo. Pelo contrário: a intenção era que fizessem o registro à distância. O artefato disparado pelos manifestantes, porém, oferece riscos a quem está a até 50 metros do ponto de detonação. O uso dos equipamentos de segurança, disponibilizados às equipes, também estaria implícito no direcionamento. Santiago estava desprotegido.

***

Vanessa, a filha de Santiago e Arlita, era assessora da Polícia Militar do Rio desde 2011. As Jornadas de Junho tinham trazido muitas ranhuras à imagem da PM nas ações de enfrentamento do Batalhão de Polícia de Choque. A conduta dos agentes públicos diante da população entrou no radar da imprensa, que, em maior ou menor proporção, também criticava o vandalismo dos Black Bloc. Quando o pai foi atingido, Vanessa estava no Comando Geral da PM, justamente coletando informações sobre o protesto que Santiago cobria. Ela foi avisada por Ludmila. Uma das principais lembranças de Vanessa foi a rapidez da cúpula da PM em apurar e informar que o ataque não partira de policiais. Havia desconfiança da opinião pública quanto à atuação da PM no caso de Santiago — as manifestações, aliás, chegaram a ter 77% de aprovação numa pesquisa Datafolha realizada em 18 de junho de 2013.

Ao atingir Santiago, o rojão causou o afundamento de uma das laterais de seu crânio, além de ter dilacerado parte da orelha esquerda. Ele foi submetido a uma cirurgia de mais de 12 horas e ficou no CTI por três dias. Na sexta-feira, 7 de fevereiro, mãe e filha puderam visitar o cinegrafista. Ao longo do fim de semana, um tumulto foi se formando no Souza Aguiar, com repórteres em busca de informação. Houve, por exemplo, gente da imprensa tentando se passar por parente da vítima para obter imagens. Vanessa e Arlita alternavam horários de visitação para driblar repórteres aglomerados na porta do hospital. Naquele mesmo sábado, à noite, Vanessa assistiu à equipe médica cumprir as etapas para a constatação da morte encefálica do pai. A pedido do próprio cinegrafista, em vida, órgãos foram encaminhados para doação.

***

Os dias que se seguiram foram, na mesma intensidade, de muita tristeza, indignação e trabalho nas redações da Band. Os colegas tentavam descobrir o responsável pelo ataque a Santiago. Mesmo Fernanda e Ludmila, fortemente impactadas pelo luto, não pararam. "Perguntaram se eu queria deixar de trabalhar temporariamente. Mas não, eu queria ajudar a achar os culpados. Tínhamos que saber quem tinha feito aquilo", conta Fernanda.

Para Ludmila, era uma tarefa muito difícil. Ela perdeu apetite e peso, passou a ter insônia e a tomar remédios para dormir. Em dado momento dos seis meses seguintes, se viu obrigada a reforçar as sessões de terapia. Nas redações, somente 15,9% dos profissionais dizem que buscam auxílio dessa ordem quando são atravessados (direta ou indiretamente) pela violência, conforme mostra o estudo quantitativo que embasa este livro. A maioria, 83,7%, segue sem apoio de profissionais.

A filha de Santiago nunca culpou Ludmila pela morte do pai. Ela compreendeu que a chefe de reportagem executara o papel que lhe cabia.

Um somatório de angústia, incredulidade e revolta nortearia os trabalhos na redação da Band naqueles dias. Os profissionais vasculhavam vídeos cedidos por veículos de comunicação. Em um esforço coletivo, colegas compartilharam o sofrimento de assistir à fita até o momento em que a câmera caiu no chão e seguiu gravando.

O velório de Santiago, no Memorial do Carmo, no Caju, reuniu inúmeros colegas e até gente que ele retratou na tela da TV, caso de uma das mães que perderam os filhos no massacre em uma escola de Realengo, dois anos antes. Dom Orani Tempesta, arcebispo do Rio, celebrou a missa de sétimo dia. “Não só a família sofre, mas toda a sociedade”, disse o religioso ao “Jornal Nacional”, da TV Globo, na edição que foi ao ar em 13 de fevereiro.

***

O ataque a Santiago representou uma agressão a todos os profissionais do setor. Em nota, a Band se solidarizou com a família do cinegrafista e com “toda a família brasileira, que já não suporta viver cercada de tantas e variadas ameaças, sentindo-se numa terra de ninguém". No "JN", William Bonner leu um editorial: "Como um jornalista pode colher e divulgar as informações quando se vê entre paus, pedras e rojões de um lado, e bombas de efeito moral e bala de borracha de outro? (...) Os brasileiros têm o direito de se manifestar, sem violência, quando quiserem, contra isso ou a favor daquilo. E o jornalismo profissional vai estar lá, sem tomar posição a favor de lado nenhum. Exatamente como o nosso colega Santiago Andrade estava fazendo".

Autoridades dos Três Poderes fizeram ecoar mensagens de teor semelhante; a ONU também se manifestou. Na Praia de Copacabana, uma cruz preta, de 15 metros de altura foi colocada sobre a areia junto de uma câmera com as lentes voltadas para baixo. No Centro, no local onde Santiago foi atingido, repórteres e cinegrafistas lembraram do colega com câmeras e demais equipamentos depositados no chão.

Quando Santiago foi velado e cremado, a Polícia Civil do Rio já havia identificado os responsáveis pelo crime: uma dupla de jovens misturada no protesto ao grupo dos Black Bloc. Isso foi possível graças aos registros de Domingos Peixoto, fotojornalista do jornal "O Globo" e um dos mais premiados do país. Ele captou uma sequência de fotos que mostravam a trajetória do rojão e de onde partira. Peixoto depôs à polícia, na época em sigilo e, uma década depois, no julgamento do Caso Santiago Andrade.

Um vídeo revelou a atuação de um jovem que carregava o rojão. A veiculação do vídeo na TV levou o tatuador Fábio

Raposo a procurar a Polícia Civil em 8 de fevereiro, dois dias após a manifestação. O jovem, de apenas 23 anos, disse aos investigadores que era ele quem aparecia com o rojão em mãos, mas desconhecia o verdadeiro responsável por atear fogo no artefato achado no chão – versão pouco crível. Fábio foi liberado, mas preso no dia seguinte ao depoimento, na casa dos pais.

A apuração foi concluída em 12 de fevereiro, uma semana após o protesto. Por indicação de Fábio, a polícia descobriu que o rojão foi aceso por Caio Silva de Souza, auxiliar de serviços gerais de um hospital na Zona Oeste. Tinha 22 anos e fugiu para Feira de Santana, na Bahia, depois que o Disque-Denúncia divulgou sua foto. Foi a namorada de Caio quem o convenceu, pelo telefone, a se entregar. Logo após a prisão, a Globo entrevistou Caio na Bahia. Ao lado de um advogado, ele admitiu à jornalista Bette Lucchese ter acendido o rojão e pediu desculpas à família de Santiago, conduta que repetiria dez anos depois, no tribunal do júri. Em nenhuma das ocasiões, Arlita e Vanessa aceitaram as desculpas.

***

Carolina Heringer se formou em jornalismo pela Pontifícia Universidade Católica do Rio (PUC) em 2009. Seu primeiro trabalho foi na Band, tida à época, no mercado carioca, como uma espécie de berçário de talentos. Ela atuou na apuração e na produção de reportagens. Foi assim que conheceu Santiago, de quem lembra principalmente do cumprimento com um aperto de mãos, sempre firme e respeitoso.

Quando as Jornadas de Junho eclodiram, ela já não estava mais na TV. Havia migrado em 2011 para a redação da Editora Globo. A proximidade com a pauta da segurança pública aproximou Carolina do mundo jurídico: nos anos seguintes, ela acompanhou desdobramentos de casos ligados ao crime organizado e às milícias. Em paralelo à carreira de jornalista, ela fazia sua segunda graduação — desde 2015, cursava direito na Estácio de Sá.

Carolina se formou em 2019 e deixou as redações quatro anos depois. Abriu um escritório de advocacia e, assim, acolheu o caso de Santiago. A sessão do tribunal do júri em 12 de dezembro de 2023 foi a primeira da qual ela participou como advogada. De observadora imparcial enquanto jornalista, Carolina passou a ter um lado muito bem definido: atuar pelas condenações de Caio e Fábio.

A pedido de Vanessa, Carolina participou da sessão presencial do júri como assistente de acusação do Ministério Público. Ela carregava o carinho pelo cinegrafista e pela filha dele e a expectativa dos colegas de que o caso não ficaria impune. O receio de que os envolvidos não fossem responsabilizados se devia às idas e vindas do processo. Presos em 2014, eles recorreram para responder em liberdade — o que foi concedido um ano após a prisão —, enquanto seus advogados atuaram para que as penas, se condenados, fossem as menores possíveis. Também tentaram escapar do tribunal do júri, mas foram impedidos por uma decisão de Superior Tribunal de Justiça.

Na linha de defesa, Caio e Fábio alegavam que não tinham a intenção de atingir Santiago, que o rojão foi disparado na direção da polícia, sem alvo específico, e que achavam tratar-se de uma "bombinha" de menor potencial. Tais alegações atrasaram o júri em dez anos. A acusação, a princípio, era de homicídio qualificado (isto é, com agravantes). Só que, ainda antes do júri, em 2019, segundo a Quarta Turma do STJ, o caso seria analisado como crime com dolo eventual (quando não há intenção de matar, mas assume-se esse risco). A mudança reduziu a expectativa de rigor da condenação.

Arlita e Vanessa acompanharam as oscilações do Judiciário. Mentalmente, a vida das duas passou a operar como um pêndulo entre a desesperança e o desejo por justiça. Do momento em que o STJ determinou que o júri fosse realizado, em 2016, até a sessão no TJ-RJ, passaram-se sete anos; entre o crime e o "dia D" do julgamento, praticamente uma década. Naquele intervalo, elas foram hostilizadas virtualmente por integrantes e simpatizantes dos Black Bloc e fecharam um acordo com a Band, que pagou uma indenização e arca com o plano de saúde de Arlita até hoje. A viúva recebe pensão do INSS.

"A pena, até antes do julgamento, vinha sendo somente minha e da minha mãe. É um direito nosso querer vê-los condenados e punidos para tentar ter, enfim, algum conforto", diz Vanessa, que por anos se dividiu entre a luta por justiça e a assessoria de comunicação da ONG Ação da Cidadania, onde passou a trabalhar após deixar a assessoria de comunicação da Polícia Militar.

A revolta da família desaguaria no aguardado julgamento no fim de 2023 no 3º Tribunal do Júri. Era uma terça-feira à tarde, mas, desde cedo, os visitantes do tribunal do Rio recebiam um folheto quando chegavam à porta. O título era "Pelo fim do processo contra Fábio e Caio!". A mensagem tratava os dois como "ativistas", descrevia o crime como "acidental" e destacava que, quando foi atingido, Santiago estava "sem qualquer tipo de proteção". O papel também falava em "criminalização do protesto popular", em uma "acusação inadequada de assassinato" e na suposta distorção do caso, visando sufocar as Jornadas de Junho como uma "moeda de troca conveniente" contra os manifestantes.

Os movimentos foram acompanhados do tribunal do júri, diante de uma redoma de vidro, por Arlita, Vanessa e outros parentes de Santiago. Manifestações não eram permitidas pela juíza Tula Corrêa de Mello. Ainda assim, a sessão, iniciada às 13h — e que só terminaria às 2h da madrugada —, foi marcada por diversos momentos de conflito. Vanessa estava com o celular em mãos quando Caio se desculpava à família. Em voz alta, a filha de Santiago disse que não aceitava as desculpas, enquanto apoiadores de Caio e Fábio respondiam aos gritos. Arlita também teve dificuldade de acolher tais palavras.

Fábio foi absolvido pelos jurados, cinco homens e duas mulheres. O grupo não identificou crime no repasse do explosivo. Já Caio, em vez do homicídio doloso qualificado por emprego de explosivo, foi condenado por lesão corporal seguida de morte, cuja pena é mais branda. Das quase três décadas de prisão que se discutia à época da denúncia, em 2014, ele recebeu punição de 12 anos em regime fechado. Depois de um novo recurso, em julho de 2024, os 12 anos caíram para quatro, em regime aberto. Até a conclusão deste livro, tanto o Ministério Público quanto a família de Santiago recorriam ao STJ para tentar reverter a decisão. As chances são baixas. Carolina, que se especializou em direito das vítimas depois de entrar no caso Santiago Andrade, segue representando o desejo por reparação: "Entendi que os jornalistas se sentem um pouco representados por mim quando me veem atuando no caso. O crime contra Santiago vai além dele. Toda uma classe se sentiu atingida. E o Santiago foi a representação dessa tragédia, que marcou um momento de muito risco para a integridade do jornalista. Ver a justiça sendo feita é um desejo de todos", diz.

* * *

Maitê Andrade não conheceu o avô, Santiago. Vanessa, no entanto, desde o nascimento da filha, em novembro de 2017, teve certeza de que a criança era como uma "continuação do pai". Ele sonhava em ser avô e tinha outros planos: desde estudar cinema até pleitear uma folga na virada do ano de 2015 para fazer um cruzeiro marítimo com Arlita — a viúva ainda conversa com o marido em pensamento. Os planos de viagem incluíam o Caminho de Santiago de Compostela, na Espanha. Ele falava também que gostaria de se mudar com a mulher, quando se aposentasse, para a casinha que comprara próximo à Praia de Itaipuaçu, em Maricá, no interior do Rio — a rua do imóvel, hoje, leva o nome de Santiago Andrade. É nessa casa que as cinzas de Santiago repousam em uma urna de cobre, num oratório com a imagem de São Jorge, seu santo de devoção.

• capítulo 4 •

ELEIÇÕES DE 2014 IMPEACHMENT DE 2016

LUIZ FARA MONTEIRO

O democrata Franklin Roosevelt foi o 32° presidente dos Estados Unidos, entre março de 1933 até a própria morte, em abril de 1945. Ao longo dos 12 anos que passou em uma das cadeiras mais importantes do mundo, o político e advogado nova-iorquino conduziu momentos históricos de seu país, como o New Deal (série de medidas para reformar a economia americana após a Grande Depressão, de 1929) e a Segunda Guerra Mundial, declarando o início da resposta militar aos países do Eixo (Alemanha, Itália e Japão) após o notório — e cinematográfico — ataque da base de Pearl Harbor, no Pacífico, em 1941. Também foi sob a gestão de Roosevelt e de seu programa "Conversa ao pé da lareira" ("Fireside chats", em inglês) que o rádio se consolidou como uma poderosa ferramenta de comunicação política nos Estados Unidos, inspirando, mesmo anos depois, as estratégias de seus pares brasileiros.

No "Brasil do futuro", em 1985, José Sarney, o primeiro presidente após a ditadura, emulou o projeto de Roosevelt quase que literalmente. Apesar da diferença de CEP e de momento histórico, o maranhense inaugurou aqui o seu "Conversa ao pé do rádio", um nítido paralelismo ao programa norte-americano. Diferentemente do que tinha sido feito por antecessores brasileiros, a nova atração não necessitava sequer de locução. A estreia foi em 25 de outubro de 1985 e era uma conversa direta entre o presidente e o povo: "Bom dia! Inicio, hoje, uma conversa ao pé do rádio com todos os brasileiros. Devo falar simples e direto. (...) O Brasil vai dar certo. Contem com o presidente. Mas o presidente, para o êxito do seu trabalho, precisa contar com vocês", disse Sarney, na ocasião. Em duas edições diárias, ele comentava o cotidiano político do país a partir da visão de seu governo, numa clara indicação da instrumentalização do rádio para seus próprios interesses. O programa durou até o fim de seu mandato, em 1990.

Embora tenha sido o mais próximo do projeto radiofônico de Roosevelt, o programa de Sarney não foi o único nesta mesma linha por aqui. Antes dele, João Figueiredo já aparecia semanalmente em "O povo e o presidente", na TV Globo, nas noites de domingo. Depois, Fernando Henrique Cardoso adotou ideia parecida no rádio, com o "Palavra do presidente". Já em seu primeiro mandato, Lula passou a fazer uso do mesmo meio, que manteve até depois de sua terceira eleição. A partir de 17 de novembro de 2003, ele gravava mensagens semanais sobre sua gestão. Ao criar o "Café com o presidente", Lula se conectava com um hábito presente à mesa de todos os brasileiros. A graça do "cafezinho" é justamente ter com quem conversar: ele dialogava com alguém de sua escolha.

* * *

Nascido em Duque de Caxias, o município mais populoso da Baixada Fluminense, no Rio de Janeiro, Luiz Fara Monteiro foi uma peça-chave na montagem do programa de rádio de Lula em Brasília, aonde chegou no fim de 1986. Formado em jornalismo na capital federal pelo Centro Universitário Instituto de Educação Superior de Brasília (IESB), Monteiro passou a atuar próximo a Lula justamente a partir daquele ano de 2003, após ser convidado para uma reunião na Radiobras, a estatal do setor que formataria a atração.

Monteiro, à época com 31 anos, não acreditava que teria participação relevante no projeto; era um profissional cuja carreira havia iniciado menos de dez anos antes. E não tinha experiência em cobertura política, tampouco conexões com pessoas desse universo — marcado sobretudo pela avidez por cargos e indicações. Junto aos estudos, ele ainda dobrava o expediente em outra rádio, a Clube FM (do Grupo Diários Associados, dona da TV Brasília, onde também havia trabalhado quando chegou à cidade).

Foi um colega da Clube FM quem o ajudou despropositadamente. Conhecido pela exímia imitação que já fazia de Lula, o locutor Luiz Carlos Ximenes aceitou um pedido de Monteiro para gravar, de improviso, um piloto do que seria o "Café com o presidente". No programa fictício, um âncora, representado por Monteiro, entrevistava a imitação de Lula.

Instituía-se, então, a figura de um interlocutor, quebrando parcialmente a linha direta com o público dos programas de Sarney e de FHC. O diálogo com outra pessoa permitiria o uso de linguagem menos formal, em consonância com a de Lula.

O protótipo de gravação era uma resposta de Monteiro à cobrança por contribuições para a nova empreitada, conduzida à época pelo jornalista Eugênio Bucci — hoje professor da Escola de Comunicação e Artes da Universidade de São Paulo, a USP. O produto caseiro, porém, mudou radicalmente a carreira do então radialista: ele se tornou o primeiro e mais longevo apresentador do "Café com o presidente" de Lula (em 2023, por apenas um semestre, esse mesmo posto foi ocupado pelo veterano Marcos Uchôa).

Nos dois primeiros mandatos, a exemplo do que também fez no terceiro, Lula elegeu como missão reforçar a imagem nacional no exterior. Assim, embarcou no Sucatinha e no AeroLula, os dois notórios aviões presidenciais, e cruzou o mundo com suas comitivas. Foram, de acordo com um levantamento dos opositores dele, mais de 470 dias fora do país entre 2003 e 2010. Monteiro fez parte de várias dessas viagens.

Ao passaporte, o jornalista acrescentou carimbos de China, Itália, Reino Unido e África do Sul. Nesses destinos, tomava o habitual café com Lula diante dos gravadores. O desempenho e a conexão com o presidente levaram Monteiro a assumir também "A voz do Brasil" — noticiário estatal criado por Getúlio Vargas nos anos 1930. Embora os tópicos a serem tratados no "Café" fossem determinados pela Secretaria de Comunicação da Presidência (Secom) e pela Radiobras, Monteiro sempre buscou manter a própria credibilidade e mostrar aos ouvintes que era, de fato, um interlocutor autônomo.

"Eu tinha uma preocupação de não associar meu nome à Presidência. Então, quanto mais jornalístico fosse, melhor", diz Monteiro, destacando que, mais de uma vez, esmiuçou junto a Lula detalhes das acusações do Mensalão — esquema de compra de votos parlamentares que manchou a imagem do governo em 2005. Era, aliás, o início de uma onda de escândalos, que, uma década depois, custaria o poder ao PT. O nome de Monteiro era, portanto, repetidamente associado ao de Lula.

O esforço em se manter e se mostrar isento provou-se efetivo. Em 2008, faltando dois anos para o fim do segundo mandato de Lula, Monteiro foi convidado a trabalhar na Record, que à época expandia suas operações. A emissora do bispo Edir Macedo, da Igreja Universal do Reino de Deus, apostava não só no entretenimento, mas também no jornalismo para tentar concorrer com a Globo. Fora do universo estatal, Monteiro se tornou um novo e importante reforço na representatividade: naquela época, eram pouquíssimos os profissionais pretos envolvidos na construção das notícias.

A desigualdade não havia sido reparada mesmo 15 anos depois, em 2023, quando foi elaborado o estudo "Raça, gênero e imprensa: quem escreve nos principais jornais do Brasil?", do Grupo de Estudos Multidisciplinares da Ação Afirmativa, da Universidade do Estado do Rio de Janeiro (Uerj). A análise indicou que, mesmo em uma época em que as cotas eram amplamente debatidas e aplicadas, o setor jornalístico permanecia dominado por brancos. Uma parcela de 84,4% dos profissionais inseridos na produção dos três maiores jornais impressos do país ("O Globo", "O Estado de S. Paulo" e "Folha de S.Paulo") eram brancos. Enquanto isso, os pardos e pretos, como Luiz Fara Monteiro, representavam parcelas diminutas: 6,1% e 3,4% respectivamente (seguidos de amarelos, 1,8%, e indígenas, 0,1%). A falta de paridade também se reproduzia no gênero: no estudo de 2023, as mulheres representavam 36,6%, e os homens, 59,6%. A diversidade não era muito mais significativa na TV, onde Monteiro se inseriu.

Enquanto as redações dos grandes veículos de imprensa se mantiveram ainda em dívida com a inclusão racial, o Brasil adquiriu uma nova consciência sobre si mesmo, passados 15 anos da chegada de Monteiro às mídias tradicionais, via Record. No censo demográfico de 2010, elaborado pelo Instituto Brasileiro de Geografia e Estatística (IBGE), somente 7,6% da população se autodeclarava preta. O índice foi ampliado para 10,2% em 2022, conforme se expandiu o letramento racial entre pessoas que, antes, não se reconheciam como de pele preta. O mesmo aconteceu na parcela de pardos: foi de 43,1% para 45,3% no mesmo período, enquanto a de brancos diminuiu de 47,7% para 43,5%, novamente entre 2010 e 2022. Foi a primeira vez, desde 1991, que a maior parte da nação se entendeu como parda, não branca. A imprensa, no entanto, não seguiu o mesmo ritmo. No estudo quantitativo em que este livro se debruça, 5,7% dos entrevistados consideraram, aliás, que a raça foi um fator determinante para que a hostilidade os atingisse.

* * *

Contratado pela Record, Luiz Fara Monteiro se mudou para a África do Sul e se tornou correspondente internacional, posição privilegiada em que as pessoas pretas eram ainda menos contempladas do que em outros postos de trabalho. Ele viveu por dois anos naquele país, até a Copa do Mundo de 2010. Passado o evento, Monteiro voltou ao Brasil para uma nova jornada: acompanhar o cotidiano da política em Brasília. Entraram no radar de Monteiro, então, o Palácio do Planalto, o Congresso e o Supremo Tribunal Federal. Em todos eles, era possível contar nos dedos as pessoas pretas em cargos de comando. Raros também eram os jornalistas envolvidos na cobertura diária desses espaços.

Em 2012, Monteiro enfrentou seu primeiro caso de hostilidade. E, para a surpresa dele e dos demais colegas, o episódio envolveu uma autoridade preta de visibilidade única no país, pelo tamanho da exceção que representava: o ministro Joaquim Barbosa, o primeiro negro a presidir o STF. Consciente do próprio pioneirismo, o magistrado, atuante na Corte entre 2003 e 2014, ficou conhecido, para além das decisões firmes, pelos posicionamentos sobre raça. Disse ele em 2022 ao programa "Conversa com Bial", da TV Globo: "O Brasil tem um problema muito sério com isso. Nesse sentido, sou um acidente. Tem oito anos que saí *(do STF)* e ainda não vi ninguém mencionar a possibilidade de nomear um outro negro. Nos governos brasileiros, nos últimos anos, você não vê uma personalidade negra". O discurso era recorrente durante a magistratura.

Só que, diante do repórter Luiz Fara Monteiro, Barbosa demonstrou, em 21 de novembro de 2012, menos cautela com o tema. O ministro acabara de assumir a presidência do Supremo. Ao término de uma das sessões do tribunal, Barbosa concedia uma entrevista em *off* a jornalistas setoristas da Corte, em que o que era dito não deveria ser publicado: tratava-se de informações para auxiliar o trabalho jornalístico. Monteiro fazia parte do grupo de profissionais com quem o magistrado dialogava.

Até que um questionamento de Monteiro incomodou Barbosa. Como o ministro era conhecido por falas eloquentes e por contendas públicas com os pares no plenário, o jornalista o interpelou a respeito. Perguntou a Barbosa se ele estava "mais tranquilo, mais sereno" após sua primeira sessão presidindo os trabalhos da Corte. O ministro o rebateu, fazendo menção à cor da pele de Monteiro. "Nesses dez anos, o ministro Joaquim botou para quebrar aí, quebrou as cadeiras? Gente, vamos parar de estereótipo, tá?", queixou-se Joaquim Barbosa, segundo a "Folha", continuando: "Logo você, meu *brother*! Ou você se acha parecido com a nossa Ana Flor *(então repórter da agência Reuters, que é branca)*? A cor da minha pele é igual à sua. Não siga a linha de estereótipos porque isso é muito ruim. Eles foram educados e comandados para levar adiante esses estereótipos. Mas você, meu amigo?".

O debate levantado por Barbosa era pertinente e, anos depois, se tornaria mais frequente nas discussões sociais e acadêmicas sobre raça. O estereótipo da agressividade era mesmo associado às pessoas pretas, historicamente, como afirmou o ministro. A própria maneira como ele vinha sendo retratado pela imprensa era uma indicação da repetição desse padrão. Porém, no caso de Monteiro, noticiado por diversos veículos, a intenção não era, conforme lembra, reforçar estereótipos. Tratava-se de uma pergunta corriqueira, com referência ao dia a dia do STF àquela altura.

O episódio com Barbosa, a que Monteiro nunca respondeu publicamente, marcaria somente o início de uma fase mais suscetível a conflitos na carreira do jornalista. E não só dele, mas de toda a imprensa. Os dados compilados pela Fenaj mostram que os casos de violência contra profissionais de mídia não paravam de se repetir. Em 2014, ano de corrida eleitoral, houve 129 situações agressivas contra jornalistas, acompanhando o avanço da polarização política no país.

* * *

A cobertura que Monteiro já vinha fazendo da Praça dos Três Poderes fez com que ele fosse escalado pela Record para acompanhar a eleição presidencial de 2014. Era sua estreia nessa pauta, aos 44 anos, após mais de duas décadas dedicadas à profissão. Para os jornalistas políticos, a cobertura de uma corrida pela Presidência é um evento similar à Copa do Mundo. A cada quatro anos, o profissional eleva sua carga de trabalho, amplia os diálogos com suas fontes, persegue furos e gasta muita sola de sapato na cola dos presidenciáveis. Ele trabalharia como um "carrapato", como é chamado no jargão jornalístico o profissional que se dedica a cobrir intensivamente a rotina de um único candidato. Naquele ano, 11 políticos estavam no páreo.

Conhecida pela dedicação de uma vida à causa ambiental, Marina Silva era um dos três principais nomes disputando a eleição. A ex-senadora do Acre despontava nas pesquisas como alternativa a Dilma Rousseff (PT), que viu sua popularidade despencar na Presidência após as Jornadas de Junho de 2013, em meio à insatisfação generalizada com os serviços públicos e as descobertas da Operação Lava Jato envolvendo quadros do PT. Marina, que já havia sido ministra do Meio Ambiente nas gestões de Lula, entre 2003 e 2008, chegou à disputa pelo Partido Socialista Brasileiro (PSB). Ela planejava criar a própria legenda, a Rede Sustentabilidade, o que só conseguiria em 2015. Sem o partido que idealizava, ela seria vice de Eduardo Campos, que encerrava o segundo mandato como governador de Pernambuco. No entanto, um acidente aéreo em agosto, em Santos (SP), matou Campos. Marina se tornou a cabeça de chapa, e Monteiro, o "carrapato" dela.

A entrada de Marina no jogo complicava a intenção do PT de reeleger Dilma no primeiro turno, apesar dos desgastes das manifestações, da Lava Jato e da forte oposição de Aécio Neves (PSDB). Ela já havia se candidatado à Presidência em 2010 pelo Partido Verde (PV), com votação expressiva. Os setoristas acompanharam Marina em viagens pelo Brasil. Alvo de uma campanha crítica do PT, classificada por Marina como "desleal", a ex-senadora foi derrotada no primeiro turno. À frente dela, rumo ao segundo turno, ficaram o tucano Aécio (34,8 milhões de votos) e Dilma (43,2 milhões), cujos apoiadores atacaram Marina pela fé evangélica e pela proposta de garantir autonomia ao Banco Central. A disputa foi ferrenha, mas não extrapolou o campo das ideias, apesar do tom acima da média. Marina, anos depois, disse que Dilma e seu marqueteiro, João Santana, criaram fakes news eleitorais naquela disputa.

O risco de uma convulsão social como a das Jornadas de Junho de 2013, no entanto, reapareceria no segundo turno. Com Marina fora do páreo, Monteiro se transformou no "carrapato" de Aécio. Naquela eleição, um fluxo intenso de informações passou a circular na internet. Foi a primeira vez que as eleições movimentaram paixões on-line. Dilma não era só Dilma: era também a hashtag #DilmaMudaMais no Twitter. Aécio não era só Aécio: era o #Aécio45PeloBrasil.

Mesmo com as provocações cada vez mais frequentes na internet, Monteiro se recorda de manter boas relações com os times de ambos os candidatos, bem como com os militantes que os acompanhavam. O cenário, porém, mudaria radicalmente nos dois anos seguintes. Dilma se reelegeu com 54,5 milhões de votos, enquanto Aécio quase a tirou da Presidência (recebeu 51 milhões). O período que sucedeu a votação marcaria uma fritura da petista em óleo quente, primeiro pelos opositores e, depois, pelos próprios aliados. O resultado foi o impeachment em 2016.

Assim como nas Jornadas de Junho de 2013, o processo de impeachment de Dilma, iniciado em 2015, também mobilizou esforços nas ruas. Os opositores — incluindo os do PSDB, mas não só eles — pediam que Dilma fosse retirada do cargo diante do grave cenário de recessão financeira, inflação e déficits fiscais. Também pesavam as denúncias da Lava Jato. A Esplanada dos Ministérios, em Brasília, precisou ser dividida ao meio para abarcar os protestos contra e a favor de Dilma, ecoando para espaços públicos em São Paulo e no Rio de Janeiro. O jornalismo retratou tudo isso, mais uma vez em risco. Em 2015, a Fenaj computou 137 casos de violência.

O turbulento primeiro ano do segundo mandato da presidente terminou com Eduardo Cunha (MDB), então presidente da Câmara dos Deputados, cedendo à pressão da oposição e abrindo a discussão sobre o impeachment entre os parlamentares. Ele deu andamento a um pedido de afastamento em que Dilma era acusada de ter executado pedaladas fiscais para cumprir metas orçamentárias. Luiz Fara Monteiro acompanhou todo o processo pela Record. Ele tinha a seu favor o conhecimento dos bastidores do PT, adquirido na época da Radiobras e do "Café com o presidente", e também conhecia bem parte da oposição, por conta do período em que cobriu a campanha de Aécio. Foi nesse contexto que Monteiro deixou o lugar de observador para se tornar estatística, tornando-se uma das 161 vítimas contra a mídia em 2016, segundo registros da Fenaj — o ano do impeachment de Dilma levou a um novo despontar do problema.

***

Em 31 de agosto de 2016, Dilma Rousseff fez seu último discurso no Palácio da Alvorada. Monteiro estava lá para registrar, após o impeachment da presidente ser sacramentado pelo Senado, por 61 votos favoráveis e apenas 20 contrários. Foi o desenlace da polarização entre o PT e o PSDB, acirrada desde a eleição anterior. O afastamento de Dilma alçou ao cargo Michel Temer (MDB), o vice que rompera com a presidente enquanto ela balançava no cargo.

De um lado, havia o "fogo amigo" de Temer e a fúria dos adversários (dos quais Aécio era símbolo) que puxavam Dilma para fora da Presidência — ela foi a primeira mulher no cargo no Brasil. Do outro, os petistas e os filiados a outros partidos de esquerda (como PSOL, PCdoB, PSB e PDT) tentavam salvá-la.

A imprensa não era poupada pela militância pró-Dilma: havia consenso entre os apoiadores da presidente de que os grandes veículos de comunicação eram contrários a ela. Assim, os ataques aos jornalistas voltaram a crescer nas ruas e na internet.

Naquela manhã, enquanto aguardava Dilma discursar, Monteiro entrou no radar dos militantes de esquerda que estavam diante do Alvorada, justamente na área em que a imprensa costumava se manter posicionada. Até aquela data, o local raramente era compartilhado pelos repórteres, cinegrafistas e fotojornalistas com o público em geral, mas houve uma mudança de orientação por conta da ocasião: Dilma se encaminhava para suas cenas finais na Presidência, e era importante para o seu entorno que ela aparecesse diante das câmeras sob o apoio dos que não aceitavam o resultado recém-proclamado pelo Congresso.

A alteração foi desastrosa. Em vez da convivência pacífica, os manifestantes confrontaram os jornalistas, mesmo com a liturgia e a segurança impostas por um espaço como o do Alvorada. O palácio, aliás, se tornaria a partir dali um palco de confrontos entre militância e imprensa com Jair Bolsonaro na Presidência. Não garantir a segurança dos profissionais e mantê-los próximos dos manifestantes, conforme o tempo mostrou, era uma opção pouco cuidadosa, com prejuízos à liberdade de imprensa.

O episódio envolvendo Luiz Fara Monteiro foi mais do que ilustrativo. Assim que chegou ao local, ele passou a ser hostilizado pelos apoiadores de Dilma. Monteiro foi abordado por um grupo de mulheres vestidas com camisas vermelhas. Elas não fizeram menção que justificasse as atitudes que se seguiram, embora o jornalista suponha ter sido confundido com um profissional de outro veículo de comunicação. A TV Globo, mais do que a Record, era alvo de uma antipatia generalizada de petistas, insatisfeitos com o noticiário sobre o impeachment. Era justamente na Globo que trabalhavam os âncoras Heraldo Pereira (à época, comentarista político do "Jornal da Globo" e, depois, apresentador do "Bom dia Brasil") e Fred Ferreira (conhecido pela atuação no noticiário local do Distrito Federal).

Heraldo e Fred, assim como Monteiro, são negros: "Acontece com alguma frequência me compararem com colegas, o que, ainda assim, não justifica a agressão", diz Monteiro. As manifestantes pró-Dilma jogaram pedras e punhados de terra no jornalista, retirados do jardim do Alvorada. Uma manga também foi atirada contra ele, manchando seu paletó cinza. Monteiro tentou proteger o rosto. Na escola, quando criança em Caxias, ele não levava desaforo para casa. Naquela agressão, em pleno exercício da profissão, no entanto, revidar não era uma alternativa. O único homem entre os manifestantes pedia calma, argumentando que o jornalista era "dos nossos", em uma referência ao tempo em que ele trabalhou com Lula na Radiobras. Em vão.

"No fim das agressões, chegou um conhecido nosso, 'petista roxo', que gritava: 'Gente, gente. Para. Ele é nosso'. E eu olhei para essa pessoa e respondi: 'Eu não sou de ninguém' *(risos)*. Eu sou um profissional", lembra Monteiro. "Ali eu percebi que estávamos vivendo uma nova relação entre sociedade e imprensa. As pessoas falavam de jornalistas como se fossem inimigos, terroristas e bandidos", acrescenta.

Mesmo assustado, o jornalista optou por falar publicamente sobre as agressões em uma de suas redes sociais, com quatro mil seguidores. "Fui agredido física e covardemente por alguns militantes ligados à CUT *(Central Única dos Trabalhadores)*, na porta do Alvorada, enquanto exercia minha profissão", escreveu. Monteiro também comunicou o caso à Record. Como ele, 80,3% dos jornalistas alvos de violência sinalizam às suas empresas quando são agredidos. Em geral, a procura dos profissionais se dá pelas suas chefias diretas (72,8%), como fez Monteiro. Há também quem busque outros departamentos das empresas, como o jurídico (1,1% dos casos) e os de segurança (0,5%). O "silêncio corporativo" é uma opção para cerca de 20,2% da classe, que prefere não tratar do tema internamente, conforme mostra "Vocês da Imprensa".

Além da Record, Luiz Fara Monteiro procurou a Polícia Civil do DF para prestar queixa e entregar um CD com imagens das agressões registradas por colegas cinegrafistas. A atitude de Monteiro fugiu ao padrão de comportamento adotado pela maioria dos jornalistas atingidos pela violência. Somente 13% dos profissionais vitimados entrevistados para este livro optaram por denunciar os episódios às autoridades. Como Monteiro, 19 vítimas buscaram delegacias. Ações na esfera cível do Judiciário, além da criminal, foram abertas por somente nove desses. A maior parcela, de 87%, não levou o problema às autoridades.

Reações como a de Monteiro poderiam ser mais frequentes se houvesse esperança de punição e reparação de danos pessoais. No caso dele, mesmo com o registro de imagens, nada aconteceu com as autoras do ataque. Quando procurada em 2023 sobre o desfecho da investigação, aberta sete anos antes, a 5ª Delegacia de Polícia do DF informou que as apurações tinham sido arquivadas. De acordo com a unidade, "na época, foram realizadas diligências, porém, não se logrou êxito em identificar quem seriam os autores da contravenção penal de vias de fato". Ainda segundo a polícia, "a vítima alegou que foi agredida por uma multidão de pessoas, o que dificultou a identificação da autoria" e, "tendo em vista que não havia outras diligências que pudessem ser realizadas, o procedimento foi arquivado". A polícia sequer menciona as imagens que mostram com clareza as autoras da agressão. No estudo quantitativo feito para este livro, só 2,9% das vítimas afirmaram que seus agressores foram penalizados.

Seis anos e seis meses depois, em 12 de dezembro de 2022, Luiz Fara Monteiro voltou a se deparar com aquela mesma militância petista numa cobertura. Ainda trabalhando pela Record, que já o havia promovido a âncora eventual do principal jornal da emissora, ele cobria a diplomação de Lula no Tribunal Superior Eleitoral (TSE) para o terceiro mandato. À espera do evento na sede do TSE, estavam apoiadores que haviam se manifestado contra o impeachment de Dilma. Monteiro não viu ali nenhuma das mulheres que o atingiram com terra e pedras. Antes da primeira fala de Lula, no entanto, ele ouviu um pedido de desculpas por parte de uma ala do PT: "Senti como se estivessem se desculpando em nome daquele grupo de manifestantes, embora eu não tenha reconhecido nenhuma agressora. Lembravam o caso e vieram se retratar", relata. As desculpas — embora não substituam as memórias — foram aceitas por Monteiro.

• capítulo 5 •

ELEIÇÕES DE 2018
PATRÍCIA CAMPOS MELLO

Em maio de 2023, ano em que completou três décadas de carreira, Patrícia Campos Mello, então com 49 anos, viajou à Ucrânia para entrevistar o presidente Volodymyr Zelensky. O encontro ocorreu no palácio presidencial, com aparência de bunker, protegido por barricadas. Desde 2022, o país estava em guerra com a Rússia. Patrícia, repórter especial da "Folha de S.Paulo", precisou viajar até Varsóvia, capital da Polônia, para cumprir a pauta. Devido às limitações aéreas impostas pelo conflito, ela usou o trem para chegar ao território ucraniano e se hospedou em um hotel dotado de abrigo antimísseis, como muitos prédios de Kiev: a capital do país vivia sob fogo cruzado. Do lado de fora do escritório de Zelensky, Patrícia encontrou uma população ávida por um sono tranquilo. Ao longo de um ano e quatro meses de guerra, raras eram as noites sem o som de alarmes de mísseis.

Patrícia estava acompanhada de jornalistas de países da América Latina, que, assim como ela, passaram quase um ano negociando a entrevista, intermediada pela ONG

Public Interest Journalism Lab (PIJL). Sua principal ferramenta de trabalho era um bloco de anotações. A segurança de Zelensky impediu que os jornalistas levassem bolsas e celulares. Até a caneta foi fornecida pelos agentes do governo. Patrícia já tinha, então, longa experiência internacional: começou no "Jornal da Tarde", trabalhou na "Gazeta Mercantil", no "Valor Econômico" e foi correspondente em Washington do "Estado de S. Paulo". Em 2011, foi para a "Folha", em paralelo à atuação como comentarista do "Jornal da Cultura", na TV Cultura, função que já desempenhara anteriormente na BandNews TV.

A veia jornalística foi herança do pai, o fotojornalista Hélio Campos Mello. A lista de coberturas internacionais de Patrícia é extensa, com destaque para o 11 de Setembro; a crise econômica dos Estados Unidos em 2008; a epidemia de ebola em Serra Leoa, entre 2014 e 2015; e a guerra na Síria, em 2015, que a inspirou a escrever o livro "Lua de mel em Kobane" (Companhia das Letras, 2017), romance entre um casal sírio que se apaixona via internet e decide se encontrar em uma cidade sitiada pelo Estado Islâmico. Patrícia também esteve no Quênia, no Líbano, na Líbia, na Turquia e no Iraque. Nenhum desses conflitos, no entanto, lhe foi tão hostil e difícil quanto as consequências que sofreu com o acirramento das posições políticas no Brasil em 2017/2018. Ela foi alvo de uma sucessão de acontecimentos.

Jair Bolsonaro emergia à direita, embalado pela fama conquistada nas redes sociais e em programas popularescos de TV, assim como seus três filhos inseridos no Legislativo (Flávio, Eduardo e Carlos). Na gênese daquela nova agitação política, estava a eloquência de Bolsonaro. Na própria sessão em que ficou sacramentado o impeachment de Dilma pela Câmara dos Deputados, em 17 de abril de 2016, ele dedicou seu voto — favorável ao afastamento da então presidente — ao coronel Carlos Alberto Brilhante Ustra, um dos mais notórios torturadores da ditadura militar. Na sequência dos elogios a Ustra, ele lançou a frase que se tornaria bordão de sua campanha e de seu governo: "Por um Brasil acima de tudo e por Deus acima de todos".

A hostilidade do bolsonarismo mirou Patrícia, pela primeira vez, em 18 de outubro de 2018, nove dias depois do fim do primeiro turno, que manteve na disputa Bolsonaro e Fernando Haddad. Naquele dia, a "Folha" publicou uma reportagem intitulada "Empresários bancam campanha contra o PT pelo WhatsApp", em que Patrícia listava empresas de apoiadores de Bolsonaro responsáveis pela compra de pacotes de disparos em massa de mensagens contra o PT. Patrícia informava que o grupo preparava "uma grande operação na semana anterior ao segundo turno", envolvendo também envios intensos de material eleitoral.

Os primeiros ataques ocorreram ainda em 18 de outubro, na sequência da publicação da reportagem, postada de madrugada, às 2h: "vagabunda", "putinha do PT", "moça perturbada", "canalha imunda" e "militante esquerdista" eram alguns dos termos disparados contra ela nas redes, com destaque para o Twitter, onde foi publicada a *hashtag* FolhaPutinhadoPT. O linchamento virtual era uma tendência: 52% dos jornalistas vitimados entrevistados pela pesquisa deste livro creditaram os ataques às redes sociais. E a predominância, para eles, como no caso de Patrícia, também foi do Twitter (mencionado por 37,9% das vítimas), seguido de Instagram (27,6%), Facebook e/ou Facebook Messenger (18,7%), WhatsApp (12,8%), e-mail (7,4%), YouTube (5,4%), Telegram (2%), TikTok (1%) e LinkedIn (0,5%).

A concentração de ataques no Twitter deve-se, principalmente, à presença maciça de jornalistas neste ambiente. A pesquisa "State of journalism", realizada anualmente em escala global pela ferramenta americana Muck Rack, reporta que, desde 2019, o Twitter tem sido a plataforma predileta dos profissionais da notícia. Em 2024, quando 1.100 jornalistas de diferentes países foram entrevistados, 36% afirmaram que o microblog (cujo nome foi alterado para X) era a ferramenta mais valiosa para o trabalho jornalístico, mesmo após as interferências de seu novo dono, o bilionário americano Elon Musk. No Twitter, o uso de contas anônimas e robotizadas, com publicações sequenciais, se tornou comum, facilitando a multiplicação das agressões sem punições aos autores.

Usuários da rede, colegas de profissão e entidades de classe — Abraji e Instituto Vladimir Herzog, entre elas — saíram em defesa de Patrícia. Havia também a intenção de fazer com que a reportagem fosse mais compartilhada nas redes sociais, contrapondo a onda de violência. O jornalismo respondia às agressões com mais jornalismo. Só que novos ataques vieram em seguida.

Daquele dia 18 até o segundo turno, marcado para 29 de outubro, militantes bolsonaristas tentaram desqualificar a reportagem e a carreira da jornalista. Em um vídeo de sete segundos, Patrícia aparecia dizendo ser "de esquerda" e que "sempre votou no PT", declarações que foram utilizadas para questionar a veracidade das informações que encontrou nos bastidores da campanha de Bolsonaro. Ainda às vésperas do segundo turno, uma notícia falsa visava transformar Patrícia em aliada próxima de Haddad. Tratava-se de uma foto em que uma mulher loura aparecia ao lado do candidato. "Esta é a jornalista Patrícia Campos Mello, que fez a matéria contra Bolsonaro na 'Folha'. Petista de carteirinha!", dizia a postagem.

Em qual ou quais plataformas virtuais esse episódio (ou episódios) de violência aconteceu, caso ele esteja conectado à internet? (múltipla escolha)

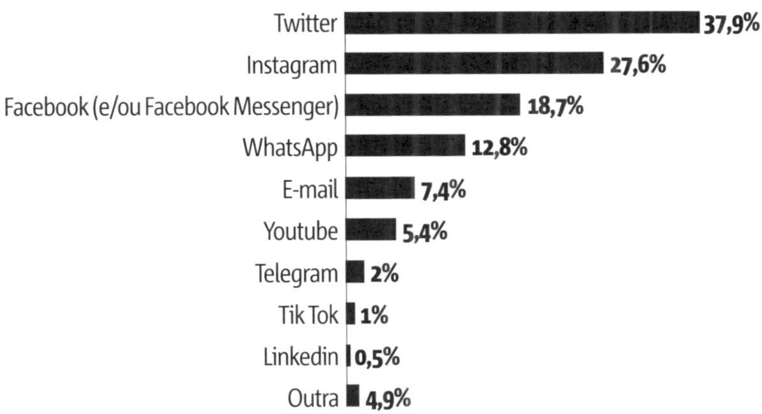

Pesquisa quantitativa com 203 jornalistas/dissertação de mestrado de João Paulo Saconi (UFRJ), junho a agosto de 2023.

Patrícia estava determinada a retomar seu dia a dia no jornalismo, no qual sempre procurou se distanciar de qualquer protagonismo. Enquanto os ataques se multiplicavam, mesmo com Bolsonaro já eleito, Patrícia manteve silêncio absoluto, fazendo publicações pontuais nas redes para divulgar as próprias reportagens, cada vez mais direcionadas à cobertura das redes sociais e das chamadas *big techs*. Ela também escrevia sobre violações à liberdade de imprensa.

Apesar do esforço, Patrícia, em suas próprias palavras, já estava se tornando "fóbica" diante de qualquer situação em que pudesse estar exposta. "Perdi a vontade de sair. Andava na rua com medo de ser xingada. Há um momento em que você vira 'aquela pessoa'. Como 'a repórter que escreveu sobre o Bolsonaro' e que, depois, sofreu ataques. E isso prejudica, inclusive, as possibilidades como repórter", diz.

O medo de Patrícia era o de que as pessoas a abordassem nas ruas — estivesse a trabalho ou não — e a tratassem com a mesma hostilidade do mundo on-line. Ou a questionassem sobre notícias falsas, como a de apoiar Haddad, que acabou derrotado por Bolsonaro. A partir de 11 de fevereiro de 2020, o medo ganhou contornos ainda maiores: ela passou a achar que alguém na rua poderia identificá-la como a jornalista que "oferece sexo em troca de notícias", na esteira de uma novíssima onda de ataques misóginos.

Naquele dia, a CPI Mista das Fake News, instalada no Congresso Nacional para apurar justamente notícias falsas veiculadas nas eleições de 2018, colheu o depoimento de Hans River do Rio Nascimento, ex-funcionário da empresa de marketing digital Yacows, sediada em São Paulo, mencionada por Patrícia no conjunto de reportagens da "Folha" que deu início à fúria contra a jornalista.

O homem havia concedido uma entrevista a Patrícia para uma matéria publicada em dezembro de 2018, escrita com o repórter Artur Rodrigues. Intitulada "Fraude com CPF viabilizou disparo de mensagens de WhatsApp na eleição", a reportagem era uma continuação da investigação iniciada pela jornalista antes do pleito. Quando aceitou revelar a Patrícia os bastidores da Yacows, Hans estava processando a empresa, sua antiga empregadora, em uma ação trabalhista. Detalhou à "Folha", então, como funcionava a operação dos disparos de mensagens no WhatsApp. Outros ex-funcionários fizeram o mesmo.

Porém, depois de ter conversado com Patrícia, Hans tentou voltar atrás: ele não queria mais que o conteúdo da entrevista fosse publicado. Isso porque a Yacows o procurara oferecendo um acordo financeiro relativo ao processo trabalhista — a empresa vinha sendo acionada pela "Folha" para prestar explicações sobre seu trabalho na eleição. Devido ao interesse público, as informações foram veiculadas mesmo diante do pedido em contrário de Hans. Quando foi ouvido por parlamentares na CPI, ele fez referência a esse episódio e tentou descredibilizar Patrícia com insultos em pleno Congresso Nacional.

Disse Hans, em falas que se comprovaram mentirosas: "Quando ela *(Patrícia)* escutou a negativa, o distrato que eu dei *(pedindo que o conteúdo da entrevista não fosse veiculado)*, deixei claro que não fazia parte do meu interesse". Ele prosseguiu: "A pessoa querer um determinado tipo de matéria a troco de sexo, que não era a minha intenção (...)". Na CPI, ele sugeria que Patrícia teria se insinuado sexualmente, em troca das informações sobre a Yacows. Era a primeira vez que se ouvia falar daquela mentira.

Além de ultrajantes, as declarações de Hans reforçavam ofensas machistas a Patrícia que circulavam na internet. Àquela altura, ataques misóginos não visavam apenas ela: em março de 2019, Constança Rezende, então repórter do "Estadão", foi atacada por Bolsonaro e seus apoiadores. Valendo-se de uma gravação distorcida, sugeria-se nas redes que a jornalista tinha intenção de "arruinar Flávio Bolsonaro e o governo". A frase jamais foi dita por ela. Pouco antes, em setembro de 2018, Marina Dias, também da "Folha", sofreu uma onda de ataques ao publicar uma reportagem em que revelava um telegrama do Itamaraty, de 2011, no qual Ana Cristina Valle, ex-mulher de Bolsonaro, dizia ter sido ameaçada de morte pelo político. Ana voltaria atrás das próprias afirmações.

O apresentador de TV e humorista Danilo Gentili, então titular de um talk show no SBT, compartilhou a manchete assinada por Marina: "Sempre pesquise o nome da jornalista", postou. Gentili era apoiador declarado de Bolsonaro. Sua atitude levou milhares de bolsonaristas a se referirem "de forma pejorativa e agressiva" a Marina, segundo a Abraji. Tamanha cólera atingiu uma homônima em Minas Gerais, que teve expostos os dados pessoais. "Foram muitos comentários horríveis, muitas difamações, num nível que não dá nem pra falar", disse ela à "Folha". A prática tem nome: é chamada de *doxing*, originado de *dropping dox* — em tradução livre, liberação de documentos.

Mais tarde, em 2019, a "Marina verdadeira" foi atacada por Bolsonaro nos Estados Unidos, quando trabalhava como correspondente naquele país. "Você é da 'Folha'? Aprendeu a 'Folha de S.Paulo'? Primeiro, você, da 'Folha de S.Paulo', tem que entrar de novo numa faculdade que presta e fazer um bom jornalismo. É isso que a 'Folha' tem que fazer e não contratar qualquer uma ou qualquer um para ser jornalista, para ficar semeando a discórdia e perguntando besteira por aí e publicando coisas nojentas", vociferou o então presidente em 16 de maio, em uma entrevista coletiva em Dallas, no Texas.

Veterana do jornalismo econômico, Miriam Leitão também não escapou. Em julho de 2019, o então presidente acusou-a de mentir sobre tortura na ditadura. "Ela estava indo para a Guerrilha do Araguaia quando foi presa em Vitória. E depois conta um drama todo, mentiroso, que teria sido torturada, sofreu abuso etc. Mentira. Mentira". Miriam, de fato, lutou contra a ditadura como filiada ao Partido Comunista do Brasil (PCdoB), mas, segundo "O Globo", suas atividades consistiam em "reuniões, distribuição de panfletos e pichação de muros com palavras de ordem" e nunca na Guerrilha do Araguaia. A tortura revelada por Miriam ocorreu em 1972, no quartel do Exército em Vitória (ES), e envolveu tapas, chutes, golpes e uma jiboia, com a qual Míriam, grávida de um mês, ficou trancada em uma sala escura. Em 2022, Eduardo Bolsonaro debochou da tortura com uma referência ao animal. Ao republicar em uma rede uma fala crítica a seu pai feita por Miriam, o deputado afirmou estar "com pena da cobra".

Como nos casos de Patrícia, de Constança, de Marina e de Miriam, parte relevante das mulheres que responderam ao estudo quantitativo proposto para este livro acredita que a violência sofrida em meio à atividade profissional estava diretamente relacionada ao gênero. Para 36,4%, o fato de serem mulheres catalisou as agressões. Orientação sexual e identidade de gênero foram mencionadas da mesma maneira por 6,9% dos profissionais consultados. Nas estatísticas da Fenaj, os jornalistas homens, historicamente, são a maior parcela dos que sofrem hostilidade. Em 2005, primeiro ano em que a organização dividiu os casos do tipo por gênero, os alvos masculinos eram 76%, e os femininos, 24%. Dados de 2023 mostram que a balança não se moveu. Dos 181 casos naquele ano, 68,3% foram relativos a homens, enquanto 25,1% diziam respeito a mulheres.

A preponderância masculina, tanto em 2005 quanto em 2023, retrata a manutenção da disparidade de gênero nas redações. É o que mostra o trabalho do Grupo de Estudos Multidisciplinares da Ação Afirmativa, da Uerj, mencionado no capítulo anterior, para ilustrar a falta de equidade racial na produção de notícias no país. Em 2023, as três maiores redações eram formadas, em sua maioria, por homens.

* * *

Com o auxílio da "Folha de S.Paulo", Patrícia expôs seus diálogos com Hans Nascimento e provou que as afirmações eram inverídicas. Os registros da troca de mensagens entre ambos mostraram que não houve qualquer insinuação sexual e, além disso, confirmaram os conteúdos publicados pela "Folha" sobre os disparos de mensagens eleitorais da Yacows.

A única movimentação fora da curva, aliás, havia partido do próprio Hans: ele chamara Patrícia para encontrá-lo em um show, convite jamais aceito. Ela limitou-se a seguir falando sobre a reportagem que vinha produzindo.

Mais do que dialogar com Patrícia, Hans, conforme evidenciaram os registros, compartilhou com ela documentos internos da Yacows, por livre e espontânea vontade. Só mudou de ideia depois que fechou o acordo com a empresa, tentando suspender a veiculação dos dados fornecidos para não prejudicar os termos que o beneficiavam. Ainda assim, suas declarações falsas no Legislativo ecoaram como se fossem verdadeiras.

Bolsonaro e seu filho Eduardo usaram as redes para difundir a narrativa de Hans. Ainda na sessão da CPI Mista das Fake News, naquele mesmo 11 de fevereiro de 2020, Eduardo afirmou ao microfone: "Eu não duvido que a senhora Patrícia Campos Mello, jornalista da 'Folha', possa ter se insinuado sexualmente, como disse o senhor Hans, em troca de informações para tentar prejudicar a campanha do presidente Jair Bolsonaro". Uma semana depois, em 18 de fevereiro, Bolsonaro também se dirigiu de maneira misógina a Patrícia. Diante de apoiadores na porta do Palácio da Alvorada, provocou risos ao insultá-la novamente com a insinuação de cunho sexual: "Olha a jornalista da 'Folha de S.Paulo'! Tem mais um vídeo dela aí. Não vou falar aqui porque tem senhoras aqui do lado. (...) Ela queria um furo", disse Bolsonaro, mudando de tom, arregalando os olhos e complementando com um trocadilho na sequência, em referência ao jargão jornalístico: "Ela queria dar o furo", disse rindo.

As declarações foram seguidas por milhões de apoiadores nas redes sociais. Como consequência do "efeito manada", o rosto de Patrícia passou a ilustrar colagens misóginas e obscenas. Em uma delas, conforme a própria jornalista descreve, sua face foi unida ao corpo de uma mulher "pelada, de pernas abertas, em cima de uma pilha de notas de dólares", acompanhada do xingamento "piranha". Em outras, a legenda alternava entre "Patrícia, prostituta da 'Folha de S.Paulo' — troco sexo por informações sobre Bolsonaro" e "ofereço o cuzinho em troca de informação sobre o governo Bozo".

As imagens se multiplicavam nas redes sociais. No WhatsApp, os conteúdos sobre Patrícia também se avolumavam em grupos bolsonaristas. Por causa do trabalho, a repórter era membro de vários deles. Ela monitorava o que era discutido nesses contextos e, quando oportuno, usava as mensagens como base para reportagens e investigações. Em contrapartida, por ter acesso imediato às mensagens, vivia um permanente processo de revitimização — quando a vítima de uma violência é exposta novamente aos ataques.

O maior pavor de Patrícia era o de que seu filho, hoje adolescente, tivesse acesso a esses conteúdos, praticamente impossíveis de serem retirados da internet. Quando começaram a ser publicados, o menino tinha 7 anos. Patrícia também temia que o filho sofresse *bullying* na escola por colegas que reproduzissem críticas de pais bolsonaristas. Para monitorar a situação, ela reforçou o diálogo com o colégio em que o filho estava matriculado.

Ao lado do prédio em que moravam, quando a violência avançou, uma vizinha resolveu maltratá-los sistematicamente. De todas as agressões que sofreu, essa foi a que mais chamou a atenção de Patrícia. Antes de o bolsonarismo tornar-se o algoz da jornalista, a tal vizinha costumava cumprimentá-la de maneira educada na rua ou no clube que frequentavam; ambas tinham filhos da mesma idade. Após as primeiras publicações da repórter na "Folha" sobre o bolsonarismo, a cordialidade deu lugar a xingamentos proferidos da janela sempre que Patrícia saia à rua, mesmo com o filho. "Comunista". "Vagabunda". "Aqui é Bolsonaro". As frases passaram a ser berradas quando Patrícia saía ou entrava no prédio. Um dos porteiros passou a avisá-la sempre que a vizinha estava à espreita, tentando poupá-la do constrangimento. Fugir daquela situação, por si só, já era vergonhoso o suficiente.

***

Patrícia não recuou, permaneceu publicando ativamente nas páginas da "Folha" após as agressões de Hans Nascimento. Fez o mesmo depois das ofensas de Jair e Eduardo Bolsonaro e não deixou de sair de casa por causa dos gritos da vizinha. Em 8 de março de 2020, Dia Internacional da Mulher, ela publicou na "Folha" um depoimento em primeira pessoa, intitulado "No Brasil, ser mulher nos transforma em alvo de ataques", em que descrevia o linchamento que sofria. "Quanto valerá uma foto em que uma mulher aparece pelada, de pernas abertas, em cima de uma pilha de notas de dólares, chamada de piranha? E uma em que o rosto dessa mesma mulher aparece com a legenda: 'Folha da Puta — tudo por um furo, você quer o meu? Patrícia, Prostituta da Folha de S.Paulo — troco sexo por informações sobre Bolsonaro'? E outra em que essa mulher — sempre a mesma — aparece com a frase: 'Ofereço o cuzinho em troca de informação sobre o governo Bozo'? Peço desculpas pelas palavras grosseiras, mas estou apenas descrevendo alguns dos incontáveis memes que recebo todos os dias e são compartilhados por milhares de pessoas pelo WhatsApp, Facebook, Twitter e Instagram. É o meu rosto e o meu nome que estão nesses memes". Com essas frases, ela iniciava seu texto no jornal.

Ela dividiu com os leitores parte das mensagens que recebera naquelas semanas. "Você tava querendo dar a buceta para ver o notebook do cara kkkkkk então você chupa piroca por fontes?", dizia um internauta do Facebook, que, segundo ela, se chamava Bruno Pires e teria estudado direito na Universidade de Rio Verde, conforme informado na rede social. "Puta do caralho, por que você não libera seus comentários? Quem tem cu tem medo", postou um Luciano Martins, de Santo André (SP), na mesma plataforma.

"E aí, putinha da Folha, kkkkk, cuidado ao oferecer o furico", debochava um usuário no Instagram. Outra pessoa publicou: "Trocando a piriquita por informações falsas! Todo o castigo para você é pouco!!! Uma pena que seus filhos pagarão pelos seus erros, pois serão lembrados diariamente que a mamãezinha deles não passa de uma prostituta de baixo calão". A ele, Patrícia fez questão de responder nas páginas da "Folha" naquele Dia Internacional da Mulher: "Marcelo, com todo respeito que você não teve por mim, vou discordar. Ao contrário de você, torço muito para que nem eu nem nenhuma outra mãe seja alvo desse tipo de campanha difamatória".

No texto, Patrícia também mencionou ataques sofridos por outras colegas. Além de Constança Rezende, Marina Dias, Miriam Leitão e Vera Magalhães, lembrou de Talita Fernandes, então repórter da "Folha". Em julho de 2019, Bolsonaro chamou de "idiota" uma pergunta da jornalista sobre o uso de um helicóptero da Força Aérea Brasileira por familiares para irem ao casamento de Eduardo Bolsonaro, em maio daquele ano no Rio. Em janeiro de 2020, diante de outra pergunta feita por Talita sobre um eventual conflito de interesses na atuação de um de seus auxiliares, o então presidente mandou a jornalista "calar a boca".

Patrícia entendia que, antes daqueles episódios, "ser mulher mais ajudava do que atrapalhava". Isso porque, nos conflitos que cobriu na Síria, na Líbia, no Iraque e no Afeganistão, bem como na epidemia de ebola em Serra Leoa, o gênero feminino a ajudou a se aproximar de outras mulheres ("entrar em suas casas, ter um pouco mais de contato com o dia a dia delas, mesmo em países mais conservadores — ao contrário de jornalistas homens", descreveu). Só que, no Brasil, diferentemente do exterior, as mulheres se tornaram alvos. "Longe desses conflitos, estamos descobrindo que ser mulher nos transforma em alvos. As agressões que sofremos têm sempre uma conotação preconceituosa: dizem que as jornalistas são feias, gordas, velhas ou prostitutas; expõem seus filhos, maridos ou pais. (...) Eu não fui a primeira e não serei a última mulher a sofrer ataques misóginos simplesmente por fazer jornalismo no Brasil".

Na conclusão do artigo, ela citou uma mensagem elogiosa, pinçada em sua caixa de correio eletrônico, para ilustrar a reação da sociedade aos ataques. Atribuída a uma mulher de nome Maria Lucimar, a mensagem fora enviada em 25 de fevereiro de 2020: "Patrícia, sou uma empregada doméstica, que formou um filho na universidade com muito sacrifício, por isso não fiz uma universidade. Mas sou muito bem-informada e me indignei com as ofensas contra você. Falei pro meu filho: gostaria de colocar ela no colo. Queria ser sua amiga virtual, você me representa, seu trabalho é maravilhoso".

Em solidariedade e desagravo a Patrícia, um abaixo-assinado foi proposto pela jornalista Vera Magalhães, também alvo de ataques similares que viriam a se intensificar nos meses seguintes. O texto dizia: "É inaceitável que essas mentiras *(sobre Patrícia, proferidas por Hans)* ganhem espaço em uma Comissão Parlamentar de Inquérito que tem justamente como escopo investigar o uso das redes sociais e dos serviços de mensagens como WhatsApp para disseminar fake news". E concluía: "Nós, jornalistas e mulheres de diferentes veículos, repudiamos com veemência este ataque que não é só a Patrícia Campos Mello, mas a todas as mulheres e ao nosso direito de trabalhar e informar". Ao todo, 2.836 colegas aderiram à iniciativa inédita.

***

Jornalistas (mulheres, sobretudo) representaram um porto seguro para Patrícia naqueles tempos difíceis. Quando questionadas no estudo que embasa este livro, as vítimas indicam que o principal apoio veio de colegas de redação, mencionados por 59,4% dos 173 alvos entrevistados, de ambos os gêneros. Colegas de outras empresas aparecem em 36% das respostas. Fora do mercado, o núcleo familiar figura com 46,9%, seguido de amigos íntimos (44,6%), cônjuges (31,4%) e amigos em geral (30,3%). O apoio de usuários de redes sociais é menos expressivo: 14,3% das respostas, enquanto leitores, telespectadores e ouvintes dos veículos em que atuam representam 11,4%. Os dados evidenciam que as redes de proteção aos ataques isolam jornalistas em seus núcleos individuais: na redação ou em casa. No caso de Patrícia, além do jornalismo, o abrigo veio dos pais, do filho e do namorado da repórter à época. Uma grande amiga completou o grupo de apoio, que assumiu a responsabilidade de fazer uma curadoria informal dos conteúdos digitais que não poderiam ser desconsiderados, embora a opção, naquele momento, fosse ignorar a maioria.

Mereciam nota, por exemplo, publicações que incluíam informações pessoais de Patrícia. Ela tentava se blindar, usando um celular corporativo, já que seu número circulava entre inúmeras fontes e bolsonaristas. Também recorria a um notebook equipado com um navegador antiespionagem e a um HD externo para assegurar os próprios arquivos e reforçou os acessos às próprias contas virtuais, com camadas duplas de proteção, providência importante contra a ação de *hackers*.

Hélio, o pai fotojornalista, saiu em defesa da filha: "Ódio não é um sentimento com o qual eu tenha intimidade. (...) mas, até hoje, não havia experimentado o que senti ao saber da agressão sofrida por Patrícia Campos Mello, minha filha. Foi ódio e foi intenso. Mas muito mais intenso e duradouro é o orgulho que tenho dela", escreveu.

O reconhecimento ao seu trabalho em meio aos ataques também foi importante para que seguisse trabalhando: em 2020, Patrícia foi homenageada com o Prêmio Maria Moors Cabot, a mais antiga premiação a jornalistas, oferecida pela prestigiada Universidade de Columbia, nos Estados Unidos. E antes disso, em 2019, ela se tornou uma das vencedoras do Prêmio Internacional de Liberdade de Imprensa, promovido pelo Comitê para a Proteção dos Jornalistas (CPJ).

Entre as formas que encontrou para reagir à tanta violência, Patrícia dedicou-se a escrever o livro: "A máquina do ódio — Notas de uma repórter sobre fake news e violência digital", lançado em julho de 2020 pela editora Companhia das Letras, que se tornaria um sucesso editorial. A obra estava sendo produzida desde a cobertura eleitoral de 2018, inicialmente como uma pesquisa sobre a instrumentalização das redes sociais pelo populismo. Depois das agressões, Patrícia, acolhendo sugestão de seus editores, inseriu-se na história. O livro inicia com um relato do momento em que o filho, ainda criança, descobre um vídeo em que ela era chamada de "sem vergonha" pelo então deputado federal Alexandre Frota.

"A máquina do ódio" figurou entre os mais vendidos e foi finalista do Prêmio Jabuti em 2021. A repercussão foi tão ampla que, em 30 de junho de 2023, trechos embasaram o julgamento do Tribunal Superior Eleitoral (TSE) em que Bolsonaro foi declarado inelegível. Ao votar pela inelegibilidade do ex-presidente, o ministro Alexandre de Moraes, do TSE, mencionou os escritos de Patrícia, junto daqueles criados pelo ensaísta italiano Giuliano da Empoli em "Os engenheiros do caos — Como as fake news, as teorias da conspiração e os algoritmos estão sendo utilizados para disseminar ódio, medo e influenciar eleições". Segundo Moraes, ambas as publicações ilustram o *modus operandi* de extremistas no Brasil e no mundo, mostrando como se apropriam dos meios de comunicação para divulgar notícias falsas na sociedade que mantém seus líderes em pé.

A "reação literária", com o sucesso de "A máquina do ódio", foi acompanhada de uma contraofensiva jurídica de Patrícia a seus perseguidores. Ela e a "Folha" decidiram processar parte deles. O caso foge à curva da maioria dos jornalistas atacados, conforme indica a pesquisa deste livro. Das vítimas entrevistadas, somente 17,2% receberam apoio jurídico contra as hostilidades. As empresas de comunicação forneceram a seus profissionais, mesmo que de forma irregular, suporte emocional (31%) e logístico (10,8%). Ainda assim, 33% das vítimas se viram desprotegidas. Falta às empresas protocolo para crises desta natureza.

A advogada Taís Gasparian, que já representava a "Folha", passou a defender Patrícia na Justiça de São Paulo contra os políticos que atacaram a jornalista. Nas causas, também atuaram as advogadas Mônica Filgueiras Galvão e Stéphanie Ghidini Lalier. Entre os réus das ações, estavam Jair e Eduardo Bolsonaro. Em março de 2021, ainda presidente, Bolsonaro foi condenado em primeira instância a pagar R$ 20 mil por danos morais à repórter. Em junho de 2022, a sentença foi confirmada em segunda instância, e a indenização, elevada a R$ 35 mil. Já Eduardo, em janeiro de 2021, recebeu ordem judicial para pagar R$ 30 mil à jornalista por ter dito, em 27 de maio de 2020, que ela "tentava seduzir" em troca de notícias. Em setembro de 2021, o valor foi aumentado para R$ 35 mil. Eduardo recorreu ao Superior Tribunal de Justiça e ao Supremo Tribunal Federal. A Justiça de São Paulo bloqueou cerca de R$ 90 mil de suas contas em outubro de 2024 para garantir que a indenização fosse paga. Em abril de 2025, o STF negou recurso de Eduardo Bolsonaro e manteve a obrigação de quitar os R$ 35 mil com a jornalista.

Hans River Rio do Nascimento também foi processado por Patrícia. Em janeiro de 2024, o ex-funcionário da Yacows foi condenado a indenizar a jornalista em R$ 50 mil por danos morais. Após recurso, a segunda instância do tribunal paulista manteve a condenação e ainda aplicou sanção a Hans por litigância de má-fé: uma das peças de sua defesa atribuiu às advogadas de Patrícia declaração inverídica. Com novo recurso, o caso ainda tramitava na 22ª Câmara de Direito Privado até a conclusão deste livro.

Outros porta-vozes do bolsonarismo que atacaram Patrícia também se tornaram réus. O blogueiro Allan dos Santos, criador do portal "Terça Livre", foi condenado em dezembro de 2022 a pagar R$ 35 mil por danos morais; foragido nos Estados Unidos desde 2020, ele não recorreu. André Fernandes, deputado estadual pelo PL do Ceará, também bolsonarista, foi condenado a pagar R$ 50 mil. Como Allan dos Santos, ele fez publicações reproduzindo os ataques de Hans à Patrícia.

A despeito de tudo o que sofreu, Patrícia acha que teve sorte. Para ela, seria muito mais grave se uma situação como a sua envolvesse uma jornalista mulher com atuação no interior do país e em uma empresa menos estruturada do que a "Folha de S.Paulo". "Primeiro, eu era empregada formal de um jornal, com assistência jurídica garantida. Pude reagir com auxílio", diz: "Segundo, trata-se de um veículo com visibilidade. Isso torna a situação mais fácil para mim do que para outra jornalista mulher, que, lá no interior do Amazonas, escreve sobre um político que a detona em público, por exemplo". Patrícia espera que o fato de se defender publicamente, como fez com seu livro e com os processos, possa servir de alento às colegas.

• capítulo 6 •

ELEIÇÕES DE 2022
VERA MAGALHÃES

No inverno de 2016, em Campos do Jordão (SP) numa viagem turística, a jornalista paulistana Vera Magalhães, 43 anos à época, percebeu que começava a ser reconhecida nas ruas. Seu nome já circulava com algum destaque desde 1993 em jornais e revistas: primeiro no "Diário do Grande ABC" (entre 1993 e 1996), depois na "Folha de S.Paulo" (de 1997 a 2001 e de 2005 a 2015). E, por último, até ali, na "Veja" (por nove meses a partir de setembro de 2015). Mas foram o rádio e a TV que tornaram conhecidos a voz e o rosto de Vera. Recém-contratada pela Jovem Pan, ela comprava meias quando uma mulher, ao escutar sua voz, lembrou de tê-la ouvido no canal.

A estreia na Pan, à época com comentários sobre política no "Jornal da manhã", coincidiu com o convite para participar do quadro "Meninas do Jô", em que o apresentador Jô Soares, da TV Globo, recebia jornalistas para debater política. Ao longo de 2016, último ano em que o "Programa do Jô" foi ao ar, Vera se revezava na TV com Lillian Witte Fibe, Cristiana

Lôbo, Ana Maria Tahan, Lucia Hippolito e Cristina Serra, entre outras colegas.

A exposição em meios de comunicação de massa inaugurou uma outra fase na carreira de Vera, um novo momento e um paradoxo que ela desconhecia. Por um lado, as informações de bastidor que apurava, bem como suas análises, começaram a reverberar com intensidade. Por outro, parte do cotidiano de Vera transformou-se em pesadelo, já que holofotes passaram a iluminá-la simultaneamente ao ápice do acirramento político nacional.

A eleição de 2014, disputadíssima entre Dilma Rousseff e Aécio Neves, marcou o primeiro contato de Vera com os ataques à imprensa. Àquela altura, na "Folha", a jornalista optou por se licenciar por seis meses da coluna "Painel", que editava. Foi uma decisão atípica no meio jornalístico, sobretudo em uma das mais prestigiadas colunas de política do país. Apesar dos protestos do diretor do jornal, Otavio Frias Filho (falecido em 2018), ela se afastou porque o marido, Otavio Cabral — com quem se casara em 1995 — tinha deixado a função de editor da "Veja" para assumir o marketing da campanha de Aécio pelo PSDB.

Vera aproveitou o período sabático em Los Angeles, nos Estados Unidos, onde estudou roteiro. Era um refúgio necessário, avaliava ela, para evitar que suas notas e análises fossem interpretadas como parciais. Porém, mesmo licenciada, ela passou a receber alfinetadas pela internet da militância do PT de Dilma, que a incluía nas críticas à cobertura das eleições pela grande imprensa. Os porta-vozes dos ataques integravam a "blogosfera petista", formada por pequenos sites criados em meio ao escândalo do Mensalão, a partir de 2005, para defender o governo Lula.

Em maio de 2014, ao noticiar a licença de Vera, o "Brasil 247", que faz parte do ecossistema em questão, "manchetou", a despeito dos reais contornos da história: "Ida de Cabral para Aécio derruba Vera do 'Painel'". O site "O Cafezinho", da mesma ala, dizia: "Cabral é marido de Vera Magalhães, responsável pela principal coluna política da 'Folha'", e emendava, em tom irônico: "Realmente, estamos todos em família". Mesmo dois anos depois da eleição, quando o marido já não trabalhava mais com Aécio, o "Diário do Centro do Mundo", se referia sempre a ela como "a colunista casada com assessor de Aécio".

O descontentamento do petismo com Vera aumentou no processo de impeachment de Dilma, entre 2015 e 2016, e nos desdobramentos da Operação Lava Jato. Segundo ela, à época comentarista da Jovem Pan e do jornal "O Estado de S. Paulo", seus críticos se apegavam a detalhes bastante específicos. Um deles foi um trecho de uma fala no rádio em que, ao avaliar a atuação do então juiz Sergio Moro na Lava Jato, Vera se referiu a ele como "enxadrista".

Também repercutiu uma publicação nas redes em que ela escreveu "Chupa, Mãos Limpas! Aqui é Lava Jato!", distorcida para parecer uma mensagem isolada de apoio à operação. Na verdade, a mensagem era parte de comentários exaltando o Brasil ante a Itália, durante a olimpíada de 2016, no Rio de Janeiro. Ela comparava o desempenho dos dois países, em tom de humor, mencionando as operações contra a corrupção (a Lava Jato daqui e a Mãos Limpas de lá, da década de 1990, que inspirou a ofensiva brasileira). E avançava com a sátira sugerindo outras comparações, como a da transexual Roberta Close com a ativista Cicciolina. Episódios como esses renderam a Vera, aos olhos dos petistas, as pechas de "lavajatista de carteirinha" e "viúva da Lava Jato".

O tom acusatório dos petistas se tornou mais agudo conforme a Lava Jato, sobretudo Moro, caía em descrédito. Era como se tivessem personificado na jornalista as imagens da operação e do juiz. Em fevereiro de 2021, em uma resposta às cobranças, Vera disse que havia feito as críticas que deveria à operação, inclusive por "fatos graves e que cruzaram limites intransponíveis" (em referência aos diálogos entre procuradores e juiz). Ponderou, no entanto, que não iria "engrossar o coro de que tudo foi uma farsa".

A polarização do país e a antipatia dos petistas não resultou em afagos dos adversários, os bolsonaristas, eleitos em 2018. Naquela nova eleição, Vera estava de volta ao *front*, e às vésperas de uma transição profissional. Em meses, ela seria convidada a assumir o "Roda viva", importante programa de entrevistas da TV Cultura, o mais longevo da televisão brasileira. Contratada em dezembro de 2019, ao fim do primeiro ano de mandato de Bolsonaro, Vera estreou em 20 de janeiro de 2020, tendo como entrevistado Moro, à época ministro da Justiça do governo Bolsonaro. Ele foi questionado sobre irregularidades na Lava Jato e na gestão Bolsonaro.

Ao lhe perguntarem sobre os ataques à imprensa perpetrados por seu chefe, Moro disse que Bolsonaro "reagia ao ser criticado" e vinha dando "ampla liberdade à imprensa". O comentário não parou de pé. Um mês depois, Bolsonaro poria na mira de seus impropérios justamente Vera Magalhães.

* * *

No carnaval de 2020, Vera recebeu de uma fonte um vídeo de Bolsonaro, compartilhado pelo WhatsApp, convocando para manifestações em março, no mesmo modelo das que seguiriam até depois de seu mandato: ataque aos Poderes da República. Era o embrião do que, mais tarde, imprensa e Judiciário chamariam de "atos antidemocráticos". Em 25 de fevereiro de 2020, o "Estadão", onde a jornalista seguia trabalhando, estampou a manchete: "Bolsonaro manda vídeo convocando para ato antiCongresso". No texto, Vera informava que o presidente repassava imagens dramáticas, embaladas pelo Hino Nacional. À época, o governo enfrentava uma disputa orçamentária com deputados e senadores.

Dizia o vídeo de Bolsonaro revelado por Vera: "Ele foi chamado a lutar por nós. Ele comprou a briga por nós. Ele desafiou os poderosos por nós. Ele quase morreu por nós. Ele está enfrentando a esquerda corrupta e sanguinária por nós. Ele sofre calúnias e mentiras por fazer o melhor para nós. Ele é a nossa única esperança de dias cada vez melhores. Ele precisa de nosso apoio nas ruas. (...) Vamos mostrar que apoiamos Bolsonaro e rejeitamos os inimigos do Brasil. Somos, sim, capazes, e temos um presidente trabalhador, incansável, cristão, patriota, capaz, justo, incorruptível (...)". Junto das frases, havia imagens do atentado à faca que Bolsonaro sofrera em 2018.

O furo publicado no jornal teve repercussão imediata. Líderes do Congresso reagiram indignados. Rodrigo Maia, então presidente da Câmara, afirmou que "criar tensão institucional não ajuda o país a evoluir". Ex-presidentes também se manifestaram. Fernando Henrique Cardoso escreveu que a movimentação de Bolsonaro indicava "uma crise institucional de consequências gravíssimas", em que "calar seria concordar". E acrescentou: "Melhor gritar enquanto se tem voz". Lula chamou o gesto de Bolsonaro de "autoritário, de quem agride a liberdade e os direitos todos os dias". Dilma, por sua vez, cobrou "forte resposta das instituições" para evitar que o país mergulhasse novamente na "escuridão das ditaduras".

Vera entrou na rota das agressões bolsonaristas dois dias depois, quando foi hostilizada publicamente pelo presidente. Nada daquilo, ela lembra, acontecera em governos anteriores — FHC, Lula, Dilma, Itamar e Temer — sobre os quais tinha escrito. Na quinta-feira, 27 de fevereiro de 2020, Bolsonaro dedicou insultos a Vera.

Em entrevista diante do Palácio da Alvorada, com transmissão ao vivo por redes sociais, ele disse que Vera mentiu ao revelar a informação (verídica, conforme se provou) sobre a convocação dos protestos: "Vera Magalhães, eu não sou da tua laia. (...) Ela queria dar um furo de reportagem com aquele meu vídeo convocando o pessoal para 15 de março, mas, no seu afã de dar o furo rapidamente, ela esqueceu de ver a data, que era 2015", afirmou Bolsonaro, sugerindo que o vídeo mencionado seria de cinco anos antes e completando, adiante: "Estou aguardando a Vera mostrar o vídeo dela. E não vai mostrar, né? O caráter dela...".

O conteúdo não poderia ter sido produzido em 2015 porque, conforme destacou o "Estadão", se referia a Bolsonaro como "presidente trabalhador, incansável, cristão, patriota, capaz, justo, incorruptível". As imagens do atentado, ocorrido três anos depois de 2015 e incluído na convocação, também desmentiam o presidente. O próprio ministro da Secretaria de Governo, general Luiz Eduardo Ramos, confirmou ao "Estadão" que Bolsonaro havia, sim, compartilhado o vídeo a "uma lista reservada de pessoas, só no privado".

Nas semanas seguintes, Bolsonaro reforçaria a convocação para as manifestações de 15 de março de 2020. Além de gravar um vídeo no dia 7 com um chamado aos apoiadores ("Participem e cobrem de todos nós o melhor para todo o Brasil"), ele se juntou ao protesto em Brasília. Sua presença violava as regras da própria administração para conter a Covid-19, que seria desdenhada por Bolsonaro em inúmeras outras ocasiões. Dias depois, em 18 de março, o político insistiu: "Não convoquei ninguém. Não existe nenhum áudio, nenhuma imagem minha convocando (...)", afirmou, em entrevista coletiva no Palácio do Planalto.

Mesmo confrontados com os fatos, os apoiadores de Bolsonaro mantiveram Vera no centro de uma nova onda de ataques à imprensa, comuns desde o início do mandato, um ano antes. A enxurrada de comentários grosseiros, agressões verbais e ameaças nas redes sociais de Vera reproduziam as declarações de Bolsonaro. Ele dava o tom, chamando-a de "jornalista inconsequente". Sem apresentar prova alguma, disse que ela estaria cometendo crime e a mandou "procurar o que fazer". Parte das agressões foram desferidas em rede nacional, no "Programa do Ratinho", no SBT.

Para além das ofensas, o grupo ligado ao presidente passou a revirar e a expor a vida da jornalista. Foi postada nas redes bolsonaristas a papelada da contratação dela pela TV Cultura. E até um documento sobre mensalidade escolar supostamente em atraso. Era mais um caso de *doxing* contra uma jornalista brasileira, como já havia acontecido com Marina Dias, da "Folha", em episódio narrado no quinto capítulo deste livro.

A informação de que dados dela, do marido e até referente aos filhos — o mais novo, então com 11 anos, e o mais velho, com 19 — haviam sido expostos chegou a Vera enquanto ela gravava uma participação em um episódio do podcast "Mamilos", em São Paulo. Ela teve crise de vômito e de insônia. O Twitter retirou o conteúdo do ar, mas só após ser acionado por Vera. O filho recebeu orientações sobre cuidados a observar na chegada e saída da escola, que também foi alertada.

Alterações tão urgentes e incisivas nas rotinas individuais e coletivas não são incomuns entre jornalistas. O estudo quantitativo que embasa este livro mostra que, dos profissionais alvos de violência, 13,8% precisaram se afastar do trabalho enquanto lidavam com agressões. Em 9,2% dos casos, as ausências foram de apenas um dia e, em 4,6%, ultrapassaram uma semana. Mudanças temporárias nas funções ou na área de cobertura editorial ocorreram em 4% dos casos. Em 0,5% deles, no entanto, as alterações funcionais decorrentes dos ataques foram definitivas. Para se proteger, as vítimas também se viram obrigadas a mudar de endereço: em 6,3% dos casos, os jornalistas tiveram que deixar suas casas durante as ondas de violência. Dessa parcela, 5,8% retornaram e 0,5% não pôde voltar.

* * *

Quando se lembra de episódios como aquele, Vera Magalhães se refere à própria mãe, sua homônima, que morreu em 2018: "Um pensamento frequente que eu tinha era: 'Amém que a minha mãe não está aqui para ver isso'. Ela era uma pessoa mais briguenta do que eu. Daquelas mães leoas. E ficaria muito irritada. Seria capaz de voar no pescoço de um desses agressores".

Nos momentos críticos, a jornalista se apegou ao pai, aos filhos, ao marido, à irmã, aos colegas e aos advogados que a representam (é atendida *pro bono* pelo escritório Bottini & Tamasauskas Advogados, que atua pela liberdade de expressão). Também foram fundamentais, segundo Vera, as entidades de classe, como Abraji e Repórteres Sem Fronteiras, e as direções dos veículos em que trabalhava. Além da TV Cultura, ela se transferiu do "Estadão" para "O Globo", em 2021, e passou a atuar na Rádio CBN como comentarista de política.

A leva de ataques não cessou em 2020: Vera tornou-se alvo frequente de comentários pejorativos dos bolsonaristas que a apelidaram de Véia Magalhães. Passaram também a compará-la, pelo tipo de corte de cabelo curtinho, aos bonecos Playmobil e ao comediante Zacarias, dos "Trapalhões". As ofensas etaristas e machistas se prolongaram por pelo menos três anos nas redes sociais. Depois, transbordaram novamente para o "mundo real" quando Bolsonaro reiniciou ofensiva contra a profissional, em 2022.

***

Tradicionalmente a primeira emissora a reunir os candidatos às eleições no país, a Bandeirantes havia marcado o debate presidencial de 2022 para 28 de agosto. A "Folha", o portal "UOL" e a TV Cultura participavam da organização do evento. Era a primeira vez, depois de meses de conflitos a distância, que Lula e Bolsonaro se enfrentariam diante das câmeras. A expectativa era grande: o programa ficou em primeiro lugar na audiência, com 2,7 milhões de espectadores na TV e 1,5 milhão na internet, tornando-se o evento jornalístico com mais visualizações do país no YouTube até então.

Convidada para o debate, Vera foi ofendida por Bolsonaro logo no início do programa. Ela representava a TV Cultura e tinha direcionado uma pergunta a Ciro Gomes (do PDT). Pelas regras, escolheu Bolsonaro para comentar a resposta de Ciro: "Em que medida o senhor, Ciro, acha que a desinformação sobre vacinas, difundida inclusive pelo presidente da República, pode ter contribuído — além de agravar a pandemia de Covid-19 e causar mortes que poderiam ter sido evitadas — para desacreditar a população quanto à eficácia das vacinas em geral? E qual é a sua proposta para recuperar o Plano Nacional de Imunização, que já foi orgulho nacional e uma referência para o mundo?", questionou Vera.

Bolsonaro esgotou o único minuto à sua disposição para agredir a jornalista. "Vera, não podia esperar outra coisa de você. Eu acho que você dorme pensando em mim. Você tem alguma paixão por mim. Você não pode tomar partido em um debate como este. Fazer acusações mentirosas ao meu respeito. Você é uma vergonha para o jornalismo brasileiro".

A última frase dava o tom do discurso que os bolsonaristas usariam contra Vera nas semanas seguintes. O ataque de Bolsonaro foi criticado no ar pelas então candidatas Simone Tebet (do MDB, escalada para o Ministério do Planejamento de Lula cinco meses depois) e Soraya Thronicke (até então no União Brasil, depois no Podemos, partido pelo qual é senadora do Mato Grosso do Sul). "Quando eu vejo o que aconteceu agora, com a Vera, eu fico extremamente chateada. Quando homens são tchutchuca com outros homens e viram tigrão para cima de nós, mulheres. Eu não aceito", disse Soraya. Tebet, em outro momento, foi chamada de "vergonha do Senado" por Bolsonaro.

Vera conta ter se preparado mentalmente para inquirir Bolsonaro e ser confrontada por ele. Mesmo assim, não imaginava uma reação tão estridente, ainda mais em uma fase da campanha em que os candidatos eram preparados para debater sem perder o controle. Em entrevista ao jornalista Kennedy Alencar, do "UOL", ela classificou a atitude de Bolsonaro como "absolutamente descontrolada, desnecessária" e "prejudicial para ele mesmo".

Em suas trincheiras virtuais, os auxiliares e apoiadores de Bolsonaro passaram a replicar de maneira sistemática a frase do presidente sobre Vera. Damares Alves (então ministra da Mulher, da Família e dos Direitos Humanos) repetiu a expressão, chamando Vera de "vergonha para o jornalismo" em um programa de rádio em 15 de setembro de 2023. O mesmo fez a deputada federal Carla Zambelli, do

PL de São Paulo, no Twitter. Vera obteve êxito em processos contra as duas pelas ofensas. Em sabatina em Brasília, no dia 30 de agosto de 2022, dois dias após o debate, Bolsonaro disse que não ofendeu Vera: "Falei que ela sonha comigo. Nada mais do que isso aí". Disse ainda que a jornalista não havia feito pergunta, mas uma afirmação contra ele, o que não era verdade.

Mentiras sobre a participação de Vera no debate circulavam na internet. Uma delas usava um vídeo com comentários da jornalista Fabíola Cidral, apresentadora do "UOL news". As imagens mostravam Fabíola dizendo: "Eu conversei com ela logo na sequência e ela falou para mim assim: 'Eu sabia que ele ia ficar nervoso'. Eu fiz até de propósito para mostrar quem ele é". Na verdade, a fala de Fabíola se referia a Simone Tebet e à maneira como a adversária de Bolsonaro o havia interpelado nos estúdios da Band, diante das câmeras. Vera não era a pessoa mencionada no caso.

Outra informação falsa disseminada nas redes dava conta de que Vera fora contratada pela TV Cultura por R$ 500 mil anuais, montante que renderia à jornalista um salário mensal de R$ 41,6 mil. Como a emissora é pública, os dados relativos a ela não são sigilosos. Vera, na realidade, recebia o equivalente a R$ 260 mil em um ano, o que significava um salário de R$ 22 mil. O pastor Silas Malafaia, líder da Assembleia de Deus Vitória em Cristo e aliado de Bolsonaro, foi um dos que compartilharam a falsa remuneração. Vera acionou o religioso no Tribunal de Justiça de São Paulo, em um processo ainda sem decisão final. Ele teve publicações sobre o tema removidas e ficou proibido de repeti-las. A menção ao contracheque de Vera foi feita por bolsonaristas a pretexto de embasar teoria fantasiosa de que ela seria paga pela administração paulista para atacar Bolsonaro. A decisão de contratá-la, segundo os conspiracionistas, fora de João Doria, então governador do estado e adversário do presidente.

O filho mais velho de Vera chegou a fazer uma publicação nas redes sociais em defesa da mãe, depois que ele e o irmão mais novo assistiram ao debate na Band. A jornalista, porém, convenceu o primogênito a remover a mensagem, temendo que o filho ficasse exposto. Vera já se furtava, desde 2020, a ler os comentários em suas publicações nas plataformas digitais. Priorizava apenas mensagens de contas verificadas.

Você opta por proteger seus dados nas redes sociais diante da possibilidade de sofrer (pela primeira vez ou novamente) episódios de violência em decorrência da profissão? (múltipla escolha)

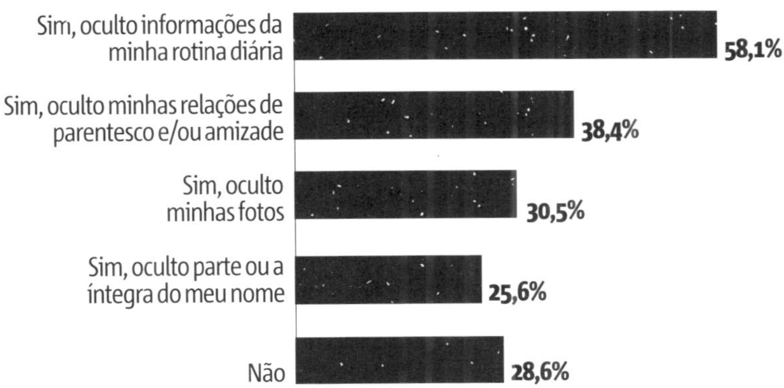

Pesquisa quantitativa com 203 jornalistas/dissertação de mestrado de João Paulo Saconi (UFRJ), junho a agosto de 2023.

O uso das redes sociais com restrições não era uma excepcionalidade de Vera. Como ela, 86,2% dos jornalistas utilizam esse tipo de ferramenta de maneira limitada, a fim de evitar incidentes violentos, conforme evidencia o estudo quantitativo deste livro. Entre os mecanismos de defesa, estão a ocultação de informações sobre rotina pessoal (mencionada em 58,1% das entrevistas) e também das relações de parentesco e/ou amizade (38,4%), bem como de fotos (30,5%) e até de parte ou da íntegra dos nomes e sobrenomes (25,6%).

Com o avanço da campanha presidencial, a brutalidade contra Vera piorou. No Dia da Independência, em 7 de setembro, a jornalista teve a percepção de que seus algozes haviam colocado um "alvo em sua testa", nas palavras dela. A Praia de Copacabana tinha sido escolhida pelos bolsonaristas para uma manifestação em desagravo a Bolsonaro. O ato também tinha mensagens contra adversários do então presidente. Lula era o principal, mas Vera foi incluída entre os inimigos, diante de milhares de apoiadores. Seu rosto estampava um cartaz de dimensões significativas, fixado em um guindaste. Ao lado da foto de Vera, estava grafada a frase dita por Bolsonaro no debate da Band: "Você é uma vergonha para o jornalismo brasileiro".

A imagem chegou a Vera, por WhatsApp, enviada pelo pessoal da CBN. Às 16h30, ele postou em sua rede social: "Quem pagou o guindaste em que penduraram minha foto e uma mensagem ameaçadora? Personalizando um ataque por uma PERGUNTA sobre vacina num debate? Por que a virulência? Porque o desgaste para Bolsonaro, pelo que ele respondeu, não pelo o que eu perguntei, foi grande. Inadmissível". Vera move um processo contra a empresa Tranziran Transportes, com sede na Penha, Zona Norte do Rio, dona do equipamento.

Naquele setembro de 2022, passava pela cabeça de Vera que sua atuação estaria cerceada para sempre. No site "Vocês da Imprensa", jornalistas relataram que precisaram escolher entre não produzir certos tipos de pautas ou evitar repetir determinadas coberturas em nome da própria segurança. Em alguns casos, a prática se revelou como autocensura: o profissional se via obrigado a não reportar notícias sobre determinados temas. Esse tipo de reação foi citado por 36,9% dos entrevistados. A maioria deles (63,5%) afirmou que não recorreu à autocensura e 32,5% admitiram já terem feito tal opção. Uma outra parcela, de 4,4%, relatou que seguia repetindo tal procedimento.

Segundo Vera, o cartaz era "uma senha para o linchamento". Ela passou a temer circular pelo Rio. No entanto, foi em São Paulo, uma semana depois, em 13 de setembro de 2022, que a perseguição chegaria ao ápice, no encontro promovido pela TV Cultura, "Folha" e "UOL" na sede da emissora na Zona Oeste da capital paulista. Vera acompanhava da primeira fila o debate entre candidatos ao governo de São Paulo, quando o então deputado estadual Douglas Garcia, à época no Republicanos, ajoelhou-se diante dela com o celular ligado. Apoiador de Bolsonaro, ele a confrontou, repetindo informação falsa. "Vera, você assinou um contrato de meio milhão de reais para falar mal do presidente da República?", indagou Garcia, chamando a profissional de "vergonha para o jornalismo". Vera se apressou em registrar o mesmo momento em seu celular e reagiu: "Você é deputado e veio para fazer essa palhaçada? (...) Eu tenho vergonha na cara, o contrato é de R$ 200 mil, eu publiquei e você sabe".

Vera foi defendida por um dos mediadores do debate, o jornalista Leão Serva, que dirigia o Jornalismo da TV Cultura à época. Ele tirou o celular das mãos do bolsonarista e, irritado, jogou o aparelho para o alto. O episódio repercutiu. Vera recebeu manifestações de apoio das empresas jornalísticas em que trabalhava, de entidades de classe, de colegas e até dos principais candidatos ao governo de São Paulo, incluindo o bolsonarista Tarcísio de Freitas. Presidenciáveis também se manifestaram sobre o episódio, exceto o próprio Bolsonaro. Já seu filho, Eduardo, chamou a postura de Garcia de "lamentável".

* * *

Cenas como aquela iam se tornando comuns. Na véspera da eleição, a deputada Carla Zambelli foi filmada nos Jardins, bairro de São Paulo, perseguindo, com um revólver em punho, um homem que a provocara verbalmente. Bolsonaro acusou o golpe: passou a dizer que Zambelli prejudicou sua tentativa de reeleição. Da mesma maneira, o ato de Garcia teria consequências. Dono de uma extensa lista de condenações por injúria e difamação, o ex-deputado contabilizou 24.500 votos na eleição, insuficientes para manter a cadeira na Assembleia Legislativa.

O ataque de Douglas Garcia a Vera foi o momento em que a jornalista mais se sentiu acuada em toda a carreira. Somada aos ataques de Bolsonaro, às ofensas nas redes sociais e à exposição da foto no 7 de Setembro, o episódio com Garcia levantou dúvidas se o passo seguinte não seria agressão física. Diante disso, a TV Cultura disponibilizou um carro blindado para Vera. Até o fim do segundo turno, em 30 de outubro daquele ano, a profissional também precisou abdicar dos treinos esportivos ao ar livre e passou a se exercitar em uma academia fechada, com grau menor de exposição. O esporte foi uma das formas que encontrara para manter a saúde mental, junto à música (principalmente o indie rock, mas também o rock clássico, o folk e a MPB) e às sessões de terapia.

Cinco meses antes, em abril, Vera disse ao site "Gênero e Número" que, se o Brasil se tornasse um país em que jornalistas e empresas de comunicação precisassem redobrar cuidados com a segurança, seria de se questionar, então, se a sociedade ainda compartilhava, de fato, um cotidiano democrático: "Não deixo esse tipo de pensamento me paralisar". Ela ressaltou que, apesar de resistir à ideia da necessidade de cercear sua liberdade para permanecer segura, também não tinha "vocação para mártir ou Joana D'Arc do jornalismo".

Em poucas semanas, o contexto nacional implicaria, sim, em restrições à rotina de Vera e da família. Em busca de horizonte menos desconfortável, Vera cogitou deixar o Brasil a partir de 2023, se a violência contra ela não diminuísse e a TV Cultura não renovasse seu contrato, uma vez que o governo de São Paulo ficaria nas mãos de Tarcísio de Freitas, eleito em outubro. O destino de Vera seria Austin, a capital do Texas, nos Estados Unidos, sede do Centro Knight para o Jornalismo nas Américas, um programa de extensão universitária.

O jornalista brasileiro Rosental Calmon Alves, fundador da organização, já conversava com Vera sobre estudos que ela pretendia realizar. A proposta era de uma análise comparada sobre a hostilidade contra a imprensa no país dela e no território americano. "As coisas ficaram difíceis, a ponto de eu chegar para a minha família e dizer que havia tomado a decisão de não viver mais quatro anos daquilo. Eu iria me distanciar dessa luta em nome das outras partes da minha vida, além da carreira", diz Vera. Ela decidiu permanecer no país quando, passado o segundo turno, a hostilidade diminuiu e, em 10 de outubro de 2022, foi renovado seu contrato para que permanecesse à frente do "Roda viva".

• capítulo 7 •

ATOS GOLPISTAS DE 8 DE JANEIRO DE 2023

RENATO ALVES

Natural de Sete Lagoas, no interior de Minas Gerais, o jornalista Renato Alves escolheu, no fim da década de 1990, morar em Brasília. Entre os fatores que considerou para a mudança, já formado em jornalismo pela PUC mineira, estava a segurança. Os índices de violência na cidade sempre foram baixos, entre outros motivos, porque o centro nervoso do poder nacional era protegido e vigiado pelo aparato estatal. Ou melhor: sempre, exceto no dia 8 de janeiro de 2023.

Repórter especial da sucursal de "O Tempo", jornal de Contagem, Minas Gerais, ele cobriu a depredação dos palácios do Distrito Federal, e seu trabalho mostra que, junto da democracia, a imprensa também foi atingida pelos atos golpistas. A intentona era resultado — conforme ficaria registrado posteriormente em documentos da Polícia Federal e da Procuradoria-Geral da República — de uma corrosão da democracia brasileira deflagrada ainda antes das eleições de 2022.

Passada uma semana da posse de Lula no Palácio do Planalto, sem ter sido registrada qualquer intercorrência de segurança, a pressão bolsonarista contra o petista foi convertida em um ataque à Praça dos Três Poderes, com invasões aos espaços onde funcionam as instituições mais relevantes do país: o Congresso, o Supremo e a Presidência. Foi essa sequência de atos antidemocráticos, deflagrada num domingo supostamente pacato, que Renato Alves, à época com 48 anos, presenciou *in loco* e da qual se tornou uma das principais vítimas entre "vocês da imprensa".

De mochila nas costas, com os equipamentos que costumava carregar em dias comuns de trabalho, Renato se deslocou até a praça depois que a redação do "Tempo" recebera a informação sobre a escalada do protesto. Embora houvesse alertas da Agência Brasileira de Informações (Abin) sobre a possibilidade de conflito naquela data, a Polícia Militar do Distrito Federal não estava devidamente estruturada para conter eventuais danos que a horda de manifestantes (classificados pelo jornalismo como "terroristas" já naquele dia) causaria ao patrimônio público: mais de 1.400 pessoas seriam presas durante e depois da depredação. A omissão da corporação, chefiada em último grau pelo governador Ibaneis Rocha, aliado de Bolsonaro, foi também denunciada por investigadores ao STF, no desfecho das apurações.

A inação, aliás, já era nítida nas primeiras cenas testemunhadas por Renato naquela tarde. O cenário era diferente de outras manifestações que ele cobriu na mesma região, entre elas as Jornadas de Junho de 2013 e os protestos a favor e contra o impeachment de 2016, em que barreiras de proteção resguardavam minimamente as sedes dos Poderes.

Munido de um caderno, caneta, duas garrafas de água e o próprio celular, Renato se viu diante de bolsonaristas com porretes, bolsas, malas e mastros retirados de bandeiras da praça e dos prédios. Além do gramado em frente ao Congresso, as pessoas tomavam todos os acessos ao prédio, inclusive as duas rampas e a laje — área onde é proibido subir, que já havia sido invadida em 2013. A Chapelaria do Congresso (ou o Salão Branco, a principal entrada para a Câmara e o Senado) estava sendo acessada sem impedimentos, conforme registrou Renato. Ele foi até lá e não encontrou policiais no caminho. O cenário era de vidros quebrados, telefones fixos e computadores no chão. Dois lances de escada acima, no Salão Verde da Câmara, obras de renomados artistas como Athos Bulcão e Di Cavalcanti estavam em risco diante da invasão.

Assim como em todo o percurso, Renato também não encontrou policiais militares ou civis, nem bombeiros. Não havia ninguém para conter o avanço da multidão. Capuzes, pinturas faciais, máscaras de proteção contra gases e até coletes à prova de balas. Na visão de Renato, os manifestantes, reforçados por esses apetrechos, pareciam estar preparados para a guerra. Extintores, móveis e outros objetos encontrados no Salão Verde começaram a ser utilizados como armas pelos bolsonaristas que queriam adentrar o plenário. Câmeras de segurança registravam o ocorrido, assim como Renato com o próprio celular, mas não por muito tempo. Um homem, que se identificou como técnico em eletrônica, destruiu um painel com cabos e equipamentos próximo à sala em que o colégio de líderes da Câmara costuma se reunir para definir a pauta de votações da semana. O objetivo dele era impedir o funcionamento das câmeras de monitoramento. As imagens de Renato também seriam apagadas adiante, contra a vontade do jornalista — ainda assim, mais tarde, ele conseguiria recuperá-las e publicá-las.

Renato, que destoava do figurino e do *modus operandi* da turba, entendeu que era o momento de deixar o Congresso. Uma gritaria mais intensa, no entanto, o fez retornar ao andar do Salão Verde. O acesso ao Senado havia sido tomado por manifestantes. Além de mais portas de vidro quebradas, Renato identificou saques. Vitrines em que estavam presentes de chefes de Estado foram destruídas, e louças, canetas e obras de arte, roubadas.

Em meio à invasão ao Senado, ele foi abordado de forma agressiva por um grupo de três a quatro homens, vestidos como militares: "Quem é você? O que está fazendo aqui? Por que não está vestido como um patriota *(de verde e amarelo)*? É petista? É infiltrado?". O discurso sobre as "infiltrações" seria repetido à exaustão nos momentos seguintes: bolsonaristas passariam a repetir que a manifestação teria objetivos pacíficos e fora desvirtuada por baderneiros da esquerda, com o objetivo de manchar o ato.

Junto à primeira abordagem, mais pessoas começaram a apontar-lhe o dedo e o ameaçavam. Em meio a muitos palavrões, ele levou chutes, sua mochila foi revistada. O crachá de "O Tempo" foi encontrado. Enquanto o jornalista negava ser um infiltrado do PT e afirmava que estava fazendo o seu trabalho, uma arma lhe foi apontada e alguém ameaçou matá-lo. Uma outra pessoa disse que havia uma segunda arma em suas costas. Renato implorou pela própria vida e usou argumentos de forma desconexa, em meio ao pânico. Seu rosto foi filmado e compartilhado em grupos bolsonaristas, com um pedido para que alguém o identificasse. Nada, no entanto, que o ligasse ao PT foi encontrado e ordenaram que ele, enfim, fosse embora. Uma espécie de "corredor polonês" guiou Renato até a saída do Congresso. Ele recebeu socos, chutes e tapas.

Quando chegou à rampa do Congresso, Renato foi novamente abordado por um grupo de golpistas. Eles o seguraram e passaram a interrogá-lo: "Você que é o petista? O infiltrado?", repetiam. Pediram seus documentos e novamente sua mochila foi vasculhada. Após alguns minutos de tensão, liberaram o jornalista — faziam o papel de polícia do local. Na mesma rampa, outro grupo repetiu a abordagem, pela terceira vez.

Foi então que Renato avistou PMs nas proximidades do Palácio do Itamaraty. Caminhou até eles com a calma possível, sem correr, para evitar chamar mais atenção. Enquanto andava, ainda ouvia os gritos: "Infiltrado!", "Petista!". Dois ou três manifestantes o seguiam. Ao chegar aos policiais, pediu ajuda. Sem êxito. Depois de contar o que acontecera, Renato disse que era jornalista, mostrou os documentos e pediu auxílio.

Ele foi socorrido por um desconhecido, sem roupa verde e amarela, que fora ao local por curiosidade. O homem se apresentou como técnico da Empresa Brasileira de Comunicação (EBC). O homem levou o jornalista até o estacionamento da Esplanada dos Ministérios e, de lá, de carro, até a casa de Renato.

***

No texto que publicou em "O Tempo", Renato relatou o sentimento de insegurança: "Cobri todas as grandes manifestações em Brasília nas duas últimas décadas e também o terremoto que devastou o Haiti em 2010, sem ter onde dormir, nas piores condições de trabalho. Estive em alguns dos países mais perigosos para jornalistas no mundo, como a Coreia do Norte. Nunca senti tanto medo, nunca me senti tão inseguro, tão vulnerável, quanto hoje, em Brasília". O jornal divulgou uma nota de repúdio sobre "qualquer tipo de agressão aos profissionais de imprensa em quaisquer situações".

A Fenaj e a Abraji contabilizaram 16 ataques contra jornalistas naquele dia só em Brasília e 37 no país. Uma fotógrafa do portal "Metrópoles" foi cercada por dez homens e agredida com chutes e socos na barriga. Teve seu equipamento e o celular roubados. Marina Dias, que cobria os atos golpistas como correspondente do "The Washington Post", foi encurralada, teve os óculos quebrados, levou puxões de cabelo e ouviu ofensas misóginas.

O balanço da Abraji incluiu profissionais de Band TV, TV Record, Rádio Jovem Pan, CBN Maceió, Rede Massa, "O Globo", "Banda B", "Hora Campinas", "Portal Cada Minuto", "Poder360", "Congresso em Foco", "Ponte Jornalismo", "Brasil 247" e das agências Brasil, Anadolu, France Press e Reuters.

Em anotações do planejamento do golpe, encontradas por investigadores em uma operação de busca e apreensão contra o general Mario Fernandes, que trabalhava na Secretaria-Geral do governo Bolsonaro, previa-se "influenciar a opinião pública". Depois que o resultado eleitoral fosse alterado, sem que Lula assumisse o poder, a ideia era "elaborar e executar um plano de comunicação social para influenciar a opinião pública, informar e motivar públicos-alvos nacionais e internacionais, de forma a favorecer as ações planejadas e em curso". Havia ainda a intenção de "estabelecer discurso único, em todos os níveis, nas atividades de comunicação para evitar interpretações e ilações que desinformem a população".

• capítulo 8 •

ELEIÇÕES DE 2024 NATUZA NERY E RAQUEL LANDIM

Em 2024, com a insatisfação do bolsonarismo após a volta do petismo ao poder, as eleições nos municípios despontaram como palcos de lutas. Maior cidade brasileira, São Paulo surgiu como o ringue mais relevante e disputado. Desde a campanha que o levou de volta ao cargo, Lula tinha um acordo para apoiar Guilherme Boulos, do PSOL, à prefeitura paulistana. Em 2020, o deputado federal saiu derrotado do segundo turno na eleição municipal, mas delineava perspectivas positivas para dali a quatro anos. Boulos angariara 2,1 milhões de votos, contra 3,1 milhões de Bruno Covas (PSDB, morto em 2021). Com o suporte de Lula, ele unificou a esquerda e chegou à campanha de 2024 com potencial para ampliar seu desempenho.

Na direita, as costuras estavam menos pacificadas. Ricardo Nunes (MDB), antes vice-prefeito, tinha sido alçado à cadeira principal após a morte de Covas. Antagonizado por

Boulos durante os três anos em que comandou a administração municipal, Nunes costurou por meses o apoio de Jair Bolsonaro à sua reeleição. O cálculo era simples e contou com o reforço do governador Tarcísio de Freitas (PSD): sem um nome imbatível para barrar Boulos, São Paulo cairia nas mãos da esquerda. Nunes se apresentava como a solução mais prática, uma vez que já assumira a prefeitura.

O problema era que Nunes sempre fora polido e contido demais na visão do bolsonarismo. Faltava-lhe beligerância. Ele emergira como uma liderança empreendedora e comunitária, conectado à Igreja Católica. Eram poucos os pontos de contato com o bolsonarismo. E, mesmo quando havia convergência das visões de mundo, as formas de agir eram diferentes.

Em 2015, por exemplo, Nunes se articulara para barrar a inclusão de temas como sexualidade e gênero no Plano Municipal de Educação de São Paulo (a chamada "ideologia de gênero"). A atuação era próxima à de Bolsonaro contra o projeto Escola Sem Homofobia, que Dilma Rousseff ensaiou lançar em 2011. Ainda deputado, Bolsonaro insistiu em atribuir a alcunha de "kit gay" à iniciativa. Nas eleições de 2018, ele ressuscitou o assunto com um discurso repleto de inverdades. O material era destinado à formação de docentes, não de alunos, visando tornar o ambiente escolar mais confortável para crianças e famílias LGBT+. Mas pouco importava ao bolsonarismo o que era ou não real. A fúria encorpou a atuação de Bolsonaro, que cooptou a pauta e se tornou a principal voz do país contrária ao tema. Já Nunes, apesar de ter trabalhado contra a "ideologia de gênero", não foi nem de longe tão incisivo.

O bolsonarismo buscava uma figura mais representativa do que Nunes para derrotar Boulos. Nomes de partidos da direita tinham o deputado federal esquerdista como um inimigo em comum. Ricardo Salles, ex-ministro do Meio Ambiente de Bolsonaro, filiado ao Novo, se mostrava uma alternativa, assim como Kim Kataguiri, também deputado federal e filiado ao União Brasil. Havia ainda o *ex-coach* Pablo Marçal, do nanico PRTB, para quem as eleições de 2024 eram uma possibilidade de desfazer o dissabor vivido dois anos antes, quando se elegeu deputado federal e não conseguiu assumir a vaga devido à pendência de documentação na Justiça Eleitoral.

Mais do que a linguagem bolsonarista, Marçal dominava o vocabulário messiânico que movimenta paixões também na política. Como *coach*, ele defendia valores conservadores semelhantes aos de Bolsonaro e ainda "pregava" a chamada "teologia da prosperidade" ou "do sucesso", potencializada principalmente no contexto de pessoas menos privilegiadas. O êxito de suas empreitadas pode ser explicado, entre outros fatores, pelo canhão de audiência que conquistou nas redes sociais. Como influenciador digital, o *ex-coach* reúne centenas de milhares de adeptos. No Instagram, sua conta beirava os 13 milhões de usuários até a conclusão deste livro, além de 3,7 milhões no YouTube e 2,8 milhões no TikTok. Numa eleição, uma base dessa magnitude é um ativo gigantesco. Marçal entendia que precisava de mais: em 2024, o foco dele foi inflamar seus seguidores.

Natuza Nery estava no ar pela GloboNews em 7 de maio de 2024, uma quarta-feira, no telejornal "Edição das 18h". Aos 47 anos, a jornalista havia completado, meses antes, em fevereiro, sete anos no canal de notícias, onde consolidou sua trajetória como comentarista de política. Ela tinha migrado em 2017 para o Grupo Globo, depois de deixar a "Folha de S.Paulo", onde foi repórter especial e titular da coluna "Painel" (sucedendo Vera Magalhães). Antes, já formada em jornalismo no Centro Universitário de Brasília (Ceub), ela também havia trabalhado para a agência de notícia Reuters e participado de coberturas internacionais.

Naquele dia de maio, Natuza precisou articular os aprendizados acumulados nas inúmeras pautas políticas. No Rio Grande do Sul, as enchentes que devastaram o estado tinham deixado mais de 180 mortos, e as notícias que não paravam de chegar ora estavam relacionadas ao componente humano da tragédia, ora guardavam conexão com personagens poderosos que ela se acostumara a abordar no dia a dia.

Marçal foi uma dessas figuras que brotaram no noticiário em meio às chuvas. Em vias de se tornar candidato a prefeito de São Paulo, ele empregou esforços para enviar doações aos desabrigados, a exemplo de muita gente. No fluxo agitado de informações nas redes sobre o desastre, uma postagem de Marçal ganhou tração em diversas plataformas, chegando à TV. Ele dizia que estava tendo dificuldades de enviar ajuda ao Rio Grande do Sul porque a Secretaria de Fazenda do estado estaria cobrando notas fiscais para liberar a entrega de alimentos às vítimas e também que havia fiscalização sobre condutores de barcos (meio de locomoção nas enchentes), dificultando a distribuição de donativos.

Marçal foi desmentido pela secretaria em questão: não havia cobrança de notas fiscais. À "Folha", quando questionado, sustentou que duas das dez carretas que enviara para o Sul "foram paradas devido a questões burocráticas", mas que "a situação foi resolvida". Mesmo com o desmentido, Marçal insistiu na versão. Na GloboNews, Natuza noticiava a intenção do governo Lula de solicitar que a Polícia Federal e a Advocacia Geral da União (AGU) apurassem casos de fake news envolvendo as enchentes. A AGU, dias depois, pediria ao Judiciário que Marçal se retratasse por dizer que as Forças Armadas estariam inertes diante do incidente.

Entre os exemplos de informações falsas citados no ar pela jornalista, estava aquele sobre a cobrança de notas fiscais. "Uma dessas fake news dava conta de que os caminhões de doação estavam sendo barrados no Rio Grande do Sul porque não tinham nota fiscal. É de uma irresponsabilidade. Isso partiu de um endereço certo: partiu de um *coach* chamado Pablo Marçal, que postou um vídeo contando essa mentira", disse Natuza, no ar. Ela afirmava ainda que essa era uma das notícias falsas que mais incomodaram as equipes de resgate, que dispensavam "toda energia e toda estrutura" possível, correndo risco de vida para ajudar pessoas e animais.

Embora desmentido pelos governos estadual e federal, Marçal reagiu, mirando em Natuza com um novo vídeo. "Como que chama essa repórter...? Natuza. Natuza, você é uma repórter incompetente. Você não teve o trabalho de pesquisar seus colegas da Record e do SBT (...). Assiste a esse vídeo aqui, sua miserável". Marçal prosseguia: "Primeira coisa que você tem que saber: eu não sou *coach*. Segunda coisa que você tem que saber: tão falando que não estão barrando agora? Parabéns por terem parado de barrar". Ele seguiu, no entanto, ofendendo e levantando suspeitas contra Natuza. "Nós estamos servindo o povo e você está com alguma malícia por trás. Parece que vocês dessa emissora estão recebendo alguma coisa para passar um pano aí no que tá acontecendo. Eu exijo retratação", vociferou Marçal no mesmo vídeo. "Vocês não são do Ministério da Verdade. Vocês estão com vagabundagem, querendo mudar a opinião pública. E ninguém vai cair nessa conversinha (...). Você foi desmascarada, sua menininha. Você presta atenção no que você fala. E quero ver essa boquinha... Eu tô pedindo aqui agora e vou acionar o Judiciário para ver se existe ainda justiça nesse país. Você vai usar sua mesma boca para falar a verdade. E vocês não definem o que é verdade aqui, não". Na sequência, Marçal estimulou seus seguidores a defendê-lo nos comentários da fala de Natuza: "Desmoralizem esse povo".

O impacto, como sempre acontece em convocações desse tipo feita por influenciadores da estatura de Marçal, foi instantâneo. A publicação do vídeo em que Natuza classificava as informações dele como mentirosas foi invadida por apoiadores do ex-coach: "É uma ignorante mentirosa e contumaz", "Tem que processar esses comunistas filhos das putas!", "Tem puteiro aí com mais honra que vocês" — esta última repetia o tom machista do texto original. Além do assédio virtual derivado de seu vídeo, Marçal abriu um processo contra a jornalista e a emissora, mas acabou renunciando à ação na sequência.

O episódio, embora pudesse ter sido encerrado em maio, repercutiu até agosto, já na pré-campanha eleitoral de São Paulo. Marçal mantém uma comunidade no Discord, rede social dedicada ao compartilhamento de conteúdos audiovisuais, onde incentiva financeiramente seus seguidores a produzirem vídeos curtos das aparições dele e compartilharem tal conteúdo nessa e em outras plataformas. Chamado de "Cortes do Marçal", o grupo mantido por ele no Discord tinha, à época, mais de 203 mil adeptos. Para garantir que os conteúdos de Marçal viralizassem, a meses das eleições de 2024, eram promovidos diversos desafios, com pagamentos de até R$ 22 mil. Assim, os episódios envolvendo Marçal, como o vídeo atacando Natuza, ganharam sobrevida on-line a cada novo "corte" publicado.

Marçal seguiu demonstrando apego ao episódio. Ele foi entrevistado por Natuza em duas ocasiões antes do primeiro turno das eleições municipais. A primeira foi em 9 de agosto, para o podcast "O assunto", no portal "G1". E a segunda em 26 de agosto, no programa "Central das eleições", da GloboNews. Em ambas, Marçal retomou o episódio, numa tentativa de constranger a jornalista, como se ela tivesse faltado com a verdade. No programa da GloboNews, ele afirmou: "Fui muito maltratado aqui nessa televisão por você, Natuza. Você acabou falando uma mentira a meu respeito. Eu te pedi na outra entrevista para a gente resolver isso e você acabou ignorando o meu pedido, e vai seguir um processo contra a Rede Globo e a sua pessoa. Você criou uma inverdade a meu respeito".

A GloboNews optou por rebater Marçal no fim da atração. Natuza enunciou um posicionamento dela e da emissora antes de se despedir do *ex-coach* e do público: "Eu encerro agradecendo demais por sua disposição de vir aqui. É a segunda vez que você vem à Rede Globo. Agradeço muito a sua presença aqui. Eu não queria transformar esse assunto em um assunto meu, mas só pra deixar bem claro: a nossa matéria-prima é a verdade. Me refiro à declaração do candidato afirmando que divulgamos mentira". Por causa dos ataques de Marçal, Natuza precisou restringir acessos às contas dela em redes sociais para desviar do ódio dos apoiadores do *ex-coach*.

O campo direitista, porém, não foi o único a se voltar contra a imprensa na cobertura da eleição de 2024. Com o crescimento de Marçal nas pesquisas de opinião e a manutenção do apoio de Bolsonaro a Nunes, Guilherme Boulos passou a dividir o topo da preferência dos eleitores com esses dois outros nomes, perdendo a liderança do início da campanha. O candidato também se tornou alvo de agressões verbais sistemáticas de Marçal nos debates de televisão, reforçadas pelos "cortes" de vídeo distribuídos imediatamente na internet, muitos com informações falsas ou distorcidas.

A principal notícia falsa da eleição de 2024 começou a ser contada por Marçal em agosto, a dois meses das votações. Antes do primeiro encontro televisionado de candidatos daquele ano, o *ex-coach* já ventilava em suas redes sociais que, entre seus adversários, estavam "cheiradores de cocaína". A bravata, que nunca se confirmou, permeou todo o período eleitoral.

* * *

Natural de Juiz de Fora (MG), Raquel Landim, já havia se formado há mais de duas décadas na USP, em São Paulo, quando teve a atuação (e a formação) como jornalista questionada publicamente pela primeira vez. Contratada da CNN Brasil há quase cinco anos naquele março de 2023, ela tinha no currículo passagens pelos jornais "Gazeta Mercantil", "Valor Econômico", "Estadão" e "Folha de S.Paulo". Sua especialidade eram as reportagens de economia, mas, como personagens dessa área se mantinham próximos à política e iam estreitando seus laços com o poder, Raquel também foi se conectando a essa outra temática. Em 2019, publicou o livro "Why not" (Intrínseca), em que relatava como os irmãos Joesley e Wesley Batista se tornaram gigantes na indústria frigorífica, com a JBS. A obra diz, já no subtítulo, que eles "corromperam centenas de políticos e quase saíram impunes". O livro marcava o caminho sem volta que levou Raquel à cobertura do bastidor político, já que os irmãos Batistas estavam inseridos até o pescoço nesse universo.

Apesar da extensa bagagem profissional, Raquel foi constrangida no ar, na CNN, por Paulo Pimenta, então ministro da Secretaria de Comunicação Social (Secom) do terceiro mandato de Lula. Formado em jornalismo, Pimenta, também deputado federal, se viu no direito de questionar Raquel ao vivo, ao se sentir incomodado com uma colocação feita por ela: "Você é jornalista?". Segundos antes, Pimenta fora questionado sobre a afirmação de Lula de que era "armação do (Sergio) Moro" a descoberta de um plano de uma facção para assassinar o ex-juiz. A pergunta de Pimenta a Raquel era descabida, dado que o ministro concedia entrevista a um canal de notícias que reunia uma equipe de profissionais qualificados.

Raquel respondeu: “Sou jornalista, sim. Meu papel é fazer as perguntas; o da autoridade pública deveria ser trazer os esclarecimentos”. Mas a cisma da militância do PT e das siglas aliadas em relação a Raquel estava apenas começando. Ela vinha sendo taxada por petistas como uma jornalista mais posicionada à direita.

Embora Raquel defenda que jornalistas não devem adotar posicionamentos políticos, o rótulo de suposta “direitista” passou a circular entre a audiência de esquerda, o que resvalaria na cobertura da candidatura de Boulos em 2024 — na época, a jornalista tinha 46 anos. Quando Marçal passou a repetir que detinha um “prontuariozinho” contra um adversário, Boulos e sua equipe desconfiaram que poderia existir um documento verídico nas mãos do *ex-coach*. Em 2001, o deputado, então estudante de filosofia da USP, passou uma semana internado no Hospital do Servidor Público Estadual Francisco Morato de Oliveira, na Vila Clementino, em São Paulo. Nada a ver com drogas, mas com um quadro de depressão moderado, registrado em prontuário.

Raquel obteve o registro durante a corrida eleitoral paulistana e o publicou em 3 de outubro no “UOL”, de onde havia se tornado colunista. O texto informava: “O candidato Guilherme Boulos (PSOL) ficou uma semana internado em novembro de 2001 com depressão moderada”. O furo conquistado por Raquel, apesar das críticas que ela recebia da esquerda, era um salvo-conduto para Boulos diante das acusações de Marçal, já que o isentava da falsa relação com as drogas.

Os apoiadores do parlamentar, porém, não tiveram essa interpretação. Raquel passou a sofrer uma onda de ataques nas redes sociais por parte dos chamados "boulistas". O comentário mais contundente foi destacado pela própria jornalista quando decidiu expor a violência que vinha sofrendo: "Urge um 'Charlie Hebdo' em cada redação desse país", escreveu uma internauta em referência ao massacre terrorista promovido pela Al-Qaeda na redação do jornal satírico francês em Paris, em 2015, que resultou na morte de 12 pessoas. Ela escreveu em resposta: "Vocês se lembram do que foi o ataque ao 'Charlie Hebdo'? Não respondo insultos em redes sociais. Só faço jornalismo".

Mesmo assim, eleitores de Boulos mantiveram comentários nesse mesmo tom. "Sim (lembramos). Queremos que aconteça com você", escreveu uma usuária. "Urgem dois 'Charlie Hebdo' em cada redação, corrigindo", disse outro. "O demônio consegue ter mais caráter que Raquel Landim", ofendeu um terceiro. As mensagens se multiplicaram e a Abraji divulgou uma nota repudiando textos desse tipo e pedindo "a apuração de ameaças que coloquem em risco a integridade física e moral da jornalista". O caso foi levado à polícia pelo "UOL".

Diante da onda de ataques e ameaças a Raquel, o próprio deputado e sua equipe optaram por "quebrar o *off*" da fonte que enviara o prontuário à jornalista: fora o próprio Boulos. Era uma maneira encontrada pelo então candidato para refutar a versão de Marçal sobre a suposta relação com as drogas. O repasse do documento aconteceu após uma conversa em que Boulos e Raquel trocaram experiências sobre questões psicológicas: ela já havia sofrido de síndrome do pânico e ele, após o questionamento dela, decidiu expor o prontuário.

Raquel passou a ser atacada como se tivesse vazado documentos à revelia de Boulos — o que ainda assim era absolutamente legítimo, uma vez que o registro visava ao interesse público. Numa tentativa de proteger a autora, título e texto foram atualizados e passaram a constar do enunciado: "Boulos entrega ao UOL prontuário que prova internação por depressão em 2001". Explica Raquel: "Depois que Boulos se convenceu a divulgar o material, ele me disse que não gostaria de aparecer na reportagem. Só que a esquerda, sem saber disso, começou a sugerir que Marçal havia me passado aquele material, num ataque desmedido. Observando isso, a equipe de Boulos me procurou, incomodada, e dialogamos sobre a exposição da fonte. O deputado autorizou e nós fizemos".

Jornalistas só revelam fontes, que têm sigilo resguardado constitucionalmente, em casos excepcionais e quando não há riscos às pessoas envolvidas. No caso de Raquel, a medida se fez necessária para resguardar a própria profissional. A solução foi eficaz, segundo ela conta: "Quando perceberam que era uma estratégia do candidato, seus eleitores pararam de me atacar. O que mostra que a insatisfação era com quem estava divulgando a notícia, não com ela em si. Se viesse de alguém mais identificado com a esquerda, talvez a reação fosse diferente. Não publiquei para defender Boulos. Publiquei porque aquilo era jornalismo".

***

Em coberturas *in loco*, "na rua", você opta por proteger sinalizações de que atua na produção de notícias diante da possibilidade de sofrer (pela primeira vez ou novamente) episódios de violência em decorrência da profissão? (múltipla escolha)

Pesquisa quantitativa com 203 jornalistas/dissertação de mestrado de João Paulo Saconi (UFRJ), junho a agosto de 2023.

A pouco mais de 24 horas para o fim do atribulado ano de 2024, Natuza Nery foi a um supermercado em Pinheiros, em São Paulo. O clima nas redes sociais estava mais ameno desde o fim das eleições. Desacompanhada, Natuza foi reconhecida por um homem de cabelos grisalhos, aparentando idade em torno de 60 anos. Ele perguntou se ela era a Natuza Nery, da GloboNews.

Ao site "Vocês da Imprensa", jornalistas informaram que admitir o ofício pode atrair demonstrações de ódio. Uma parcela de 43,3% dos 203 entrevistados afirmou que, no cotidiano, preferia se manter em silêncio sobre a atuação jornalística, com receio de serem atacados. Os crachás de imprensa, que historicamente eram símbolo de orgulho dos profissionais da área, tornaram-se, conforme indica o estudo, objetos de risco. Quando estão em coberturas nas ruas, 47,8% dos jornalistas optam por esconder a credencial. Há ainda a preocupação com outros símbolos que remetem à prática jornalística e aos veículos de comunicação em que trabalham, como canoplas de microfones e adesivos de automóveis, ocultados por 36,9% dos entrevistados.

Em situações do cotidiano, não relacionadas à profissão, você evita falar sobre sua atuação profissional diante da possibilidade de sofrer episódios de violência em decorrência dela?

Pesquisa quantitativa com 203 jornalistas/dissertação de mestrado de João Paulo Saconi (UFRJ), junho a agosto de 2023.

No caso de Natuza, sua identificação criou um risco iminente. Do homem que a percebeu no local, ela ouviu, conforme seria registrado em boletim de ocorrência mais tarde, que jornalistas teriam contribuído para uma crise no Brasil. Um comentário em tom ameaçador completou a fala: "Pessoas como você deveriam ser aniquiladas". Presenciaran a cena duas mulheres, que se surpreenderam com a atitude do homem. Ele saiu andando, mas Natuza, lembram testemunhas que estavam no local, foi atrás dele para tentar gravá-lo.

Como a agressão verbal não tinha sido registrada, a intenção da jornalista era garantir que houvesse uma prova da afirmação dele. Embora o monitoramento de segurança do local incluísse filmagens, elas dificilmente teriam captado aquela conversa em áudio. Natuza ligou a câmera do celular, mas o interlocutor se limitou a comentários irônicos: "Você é maravilhosa, não é responsável pelo que está acontecendo", afirmava, sem repetir a fala ameaçadora. Esperando para pagar as compras no caixa, estava com ele sua companheira, que não tinha presenciado o primeiro diálogo. Em resposta a Natuza, o celular do homem foi ligado para filmá-la, enquanto a mulher tentava desfazer a confusão. Enquanto ele levantava a voz, outro cliente do supermercado chegou a interpelá-lo: "Como você se sentiria se agissem assim contra a sua mulher?".

Mesmo repreendido por um grupo crescente de pessoas, o homem não cedeu. Natuza, novamente segundo testemunhas, ligou para a polícia e relatou ter sido ameaçada. Também contactou amigos, que se deslocaram até ela no mesmo momento. Enquanto as gravações continuavam dos dois lados, a mulher que estava com o autor das falas chegou a se desculpar com a jornalista e pedir para que ela esquecesse o ocorrido. Os registros mostram qual foi a resposta dela: "Não tenho como esquecer. Porque, se eu esquecer, vai acontecer com outras pessoas".

O casal se recusava a dizer o nome do homem. Os presentes tentaram registrar a placa do carro dos dois, já no estacionamento, para que fosse possível identificá-los, caso deixassem o local antes da chegada dos agentes. Além de omitir como se chamava, o homem começou a dizer que estava sendo agredido, subvertendo a situação que ele havia criado. Foi, então, que apareceram viaturas das polícias Civil e Militar.

Arcenio Scribone Júnior, descobriu-se na sequência, era o nome do homem. Ele integrava os quadros da própria Civil. Era um investigador policial. Ele só poderia ser denunciado à corregedoria da corporação. E, na leitura de quem acompanhou o desenrolar da situação de Natuza, representava um risco ainda maior para a apresentadora da GloboNews. Como policial, Scribone poderia estar armado — não houve averiguação para checar se era o caso. E, mais do que isso, por ser investigador, teria facilidade em obter dados pessoais da jornalista.

Antes do episódio envolvendo Natuza e Scribone, o governo de São Paulo estava sob forte pressão de parte da opinião pública para que contivesse a violência policial. O governador Tarcísio de Freitas e seu secretário de Segurança Pública, Guilherme Derrite, apareciam com frequência no noticiário em repercussões de mortes recentes causadas pela PM. O balanço dos agentes para 2024 era alarmante: a atuação deles tinha causado 46% mais óbitos do que no ano anterior. A resposta ao caso de Scribone estava inserida nesse contexto: ele foi afastado das funções pela corregedoria da Civil em 2 de janeiro de 2025, após a virada do ano.

Naquele réveillon, Natuza, segundo relatam pessoas próximas, enfrentou dificuldade para se divertir. O episódio tinha se tornado público e tomado o noticiário, o que aumentou a preocupação da jornalista com possíveis riscos à integridade dela e de sua família. Não só as compras do supermercado tinham ficado para a última hora, como precisaram ser feitas em outro lugar: a jornalista parou de frequentar aquela unidade em Pinheiros. Restava ainda o cansaço da noite praticamente sem fim do dia 30, em que permaneceu até as 3h da manhã registrando a ocorrência contra Scribone. Passada a virada do ano, ela prestaria depoimento sobre o episódio, assim como o policial e as testemunhas presentes.

Natuza, contam as pessoas ouvidas para este livro, tinha uma espécie de "protocolo" que esperava seguir em situações como aquela. Embora nunca tivesse sido atacada presencialmente, a intenção dela sempre fora não responder e, em seguida, sair de cena. Ela, inclusive, repassava a dica para o filho. O caso de Scribone suscitou uma reação que Natuza não esperava adotar. Procurada, ela não pôde conceder entrevista a respeito do caso, uma vez que ainda estava sob a apuração da polícia. Quando este texto foi concluído, Scribone havia sido afastado de suas funções há quase cinco meses.

Nas redes sociais, Scribone, antes da abordagem agressiva a Natuza, vinha atacando o processo eleitoral brasileiro, bem como o STF. Ao compartilhar uma notícia falsa sobre urnas eletrônicas, em 2022, ele ajudou a reforçar a mensagem: "Esta é a realidade que a mídia tentou esconder dos brasileiros".

NOTAS FINAIS

Durante a elaboração da pesquisa "Vocês da Imprensa" e deste livro, Eduardo Bolsonaro desferiu duas falas públicas de maneira pejorativa contra mim, por causa da reportagem que fiz em 2019. Ambas só fizeram assegurar o quanto a conclusão e a publicação deste trabalho se faziam necessárias. Lidar com novos elementos, certamente, dificultou o processo, apesar de toda a resiliência dedicada às leituras, aos estudos, às entrevistas e à escrita. Todas essas atividades dependem não só do desejo, mas também do bem-estar do autor. Escrever um livro já seria uma tarefa difícil, dada a disciplina exigida. Fazê-lo enquanto se é repetidamente atingido se tornou ainda mais desafiador. Fico satisfeito por ter conseguido.

A menos de um mês da defesa da minha dissertação de mestrado, Eduardo Bolsonaro mencionou meu nome na CPI Mista dos Atos Golpistas, no Congresso Nacional. Disse ele em 15 de agosto de 2023: "Só para lembrar (...), um jornalista se passou por um doente, contratou sessões virtuais com a minha esposa, que é psicóloga, e depois publicou tudo (...). Esse jornalista, João Saconi, acabou ganhando uma promoção (...). É ele que cobre hoje a família *(do agora ex-presidente)*".

Como das outras vezes, o parlamentar faltou com a verdade. Não só não me "passei por doente", como nunca fui promovido por causa daquela ou de qualquer outra reportagem em específico. Também não era real que cobrisse a família Bolsonaro. Dezenas de outros profissionais faziam isso além de mim. Embora meu foco seguisse na política de maneira geral (onde o grupo do deputado estava inserido), eu vinha escrevendo sobre outros temas havia dois anos. Entre eles, economia e cultura. Nunca me especializei no bolsonarismo. Pelo contrário: parece que foram alguns de seus adeptos que se especializaram em mim.

Enquanto este livro estava prestes a ser concluído — e eu afastado do trabalho, de férias, para entregar os originais —, um novo ataque partiu de Eduardo. Era 23 de março de 2025, um domingo. A onda de ódio chegou como todas as outras, mesmo passados mais de cinco anos da publicação da reportagem. Inicialmente, "ganhei" dezenas de novos seguidores em uma rede social. Depois, fiz uma pesquisa para entender de onde estaria partindo o incentivo para que as pessoas me procurassem. Por um momento, fiquei aliviado de não encontrar a origem. No dia seguinte, no entanto, descobri que estava, sim, circulando um novo vídeo do deputado sobre mim. Dizia ele: "Como vocês sabem, a minha esposa (...) é psicóloga. Só que depois daquela matéria canalha da 'Época', do João Saconi se passando por um doente e contratando cinco sessões de psicologia, ela foi obrigada depois disso a abandonar a carreira dela. Ela migrou, então, para virar *digital influencer*. E, como promoção, esse João Saconi saiu da 'Época' e hoje trabalha para o jornal 'O Globo', cobrindo exclusivamente a família Bolsonaro". Nada menos do que 7.600 comentários foram feitos em resposta à publicação de Eduardo. Estava ali o epicentro de uma nova leva de hostilidade on-line contra mim.

Junto da falsa informação sobre a contratação de sessões de psicologia (em vez de *coach*) e da acusação estapafúrdia sobre me "passar por doente", a narrativa da promoção se repetiu. E era atribuída a mim uma mudança profissional que tivera início antes da publicação daquela reportagem: eram mais de 106 mil os seguidores da mulher de Eduardo Bolsonaro, e já havia movimentação nas contas delas que indicavam a possibilidade de atuar como influenciadora digital.

Na semana em que publicou o vídeo, Eduardo Bolsonaro anunciou uma licença do mandato para permanecer nos Estados Unidos atuando pela anistia aos envolvidos nos atos golpistas do 8 de janeiro de 2023. Opositores e críticos, no entanto, consideraram que ele teria fugido do Brasil, enquanto o ministro Alexandre de Moraes, do STF, analisava um pedido de um deputado do PT para apreender seu passaporte. O verdadeiro objetivo da viagem, segundo Eduardo, era dialogar com a gestão de Donald Trump para convencer o presidente americano a se movimentar pelo perdão aos bolsonaristas presos e condenados. Dias depois do anúncio, Jair Bolsonaro compareceria ao Supremo para assistir ao julgamento de uma denúncia contra si. A Primeira Turma da Corte considerou que ele e sete aliados deveriam se tornar réus por cinco crimes eventualmente cometidos na alegada tentativa de golpe após as eleições de 2022.

Para a Abraji, estava em curso, em paralelo ao julgamento, uma leva de "ataques coordenados contra jornalistas". Diz a nota publicada em 25 de março de 2025: "Figuras públicas incitam seguidores a atacar moral e mesmo fisicamente jornalistas, que aparecem na mira por exercerem seu papel na elucidação de fatos e da trama que levou às cenas indefensáveis (...). Profissionais como Gabriela Biló, Thaisa Oliveira, Juliana Dal Piva, Paulo Motoryn, Guilherme Amado e João Saconi, entre outros, estão sendo severamente assediados nas redes com ofensas, ameaças e exposição de dados pessoais. Os ataques são iniciados por perfis de grande alcance de líderes de movimentos, que incitam centenas de contas, muitas apócrifas, a assediar, ameaçar e ofender os alvos". O alerta foi republicado pelo LatAm Journalism Review, revista do Centro Knight dedicada à cobertura de jornalismo e liberdade de expressão.

O efeito das novas declarações de Eduardo Bolsonaro a meu respeito foi imediato. Dezenas de seguidores pouco amistosos para a conta. E, com eles, nova exposição do meu nome e da minha foto (aquela da qual eu gostava e nunca mais consegui encarar). Um dos comentários dizia: "O nome 'disso aí' é João Paulo Sacana, digo, Saconi. Esse bosta sacaneou a esposa do Eduardo Bolsonaro e, de presente, foi contratado pela... lixo. Vamos deixar essa porcaria famoso?". Emojis de vômito vinham em seguida, com meu rosto abaixo. Ao lado dele, havia uma montagem com uma sucessão de inverdades, reciclada de 2019: "se fingiu de homossexual", "iniciou um tratamento" (de psicologia) e "violou o sigilo profissional".

Outra pessoa, ecoando também as palavras de Eduardo Bolsonaro, me classificou como um "psicopata que se acha jornalista". Junto disso, um rosário de ofensas: "João Paulo Saconi é o nome do bandido, porco, sórdido, torpe, canalha, cafajeste e imundo, um ser dos esgotos (...)". O autor da mensagem informava na própria conta, apesar da conduta pouco cristã, que era "católico, filho de Maria". Amém.

* * *

Dos 203 entrevistados para a pesquisa deste livro, 34% acreditavam que a violência contra a imprensa recuaria na década seguinte à conclusão do trabalho, em 2023.

AGRADECIMENTOS

Este livro foi escrito a muitas mãos: todas elas estendidas a mim nos momentos em que mais precisei em meio aos episódios narrados nestas páginas.

Agradeço, portanto, às mãos da minha mãe, Roseli Saconi, aceleradas para comprar passagens e desembarcar no Rio de Janeiro no mesmo minuto em que precisei de amparo. Essas mesmas mãos me garantiram afago, afeto, amparo e compreensão nos meus 29 anos de vida — mais ainda em meio à violência. Sem elas, eu não teria me tornado jornalista, escritor e nem mesmo um cidadão.

Obrigado pelas mãos dos professores Muniz Sodré, orientador da primeira versão deste projeto, e Raquel Paiva, também acolhedora no início da pesquisa. Ela representou um processo de amadurecimento, cicatrização e reparação das feridas aqui mencionadas. Agradeço ainda à própria universidade, em toda a grandeza do ensino superior público e às digitais de outros de seus colaboradores e docentes que recaem sobre minha trajetória acadêmica, como as professoras Marialva Carlos Barbosa, Sonia Virgínia Moreira e Suzy dos Santos.

Obrigado à editora Máquina de Livros por possibilitar que "Vocês da Imprensa" ganhasse as prateleiras. Será com gratidão que vou sempre me referir a Luiz André Alzer e Bruno Thys pela oportunidade de me lançarem como escritor.

Obrigado pelas mãos dos meus melhores amigos, que alcançaram onde eu não podia naqueles momentos mais difíceis. Eles estavam de punho em riste por mim. Ana Rosa Alves, Juliana Dal Piva, Juliana Castro, Luciano Ferreira, Paulo Assad, Guilherme Schiavinato, Amanda Prado, Johanns Eller, Clara Wardi e Aline Coelho estão entre os poucos que pude encontrar em meio à turbulência. Caroline Soares, Julia De Cunto e Isabela Pionti também demandam menções por aquele período.

Cabem ainda agradecimentos a incentivadores da conclusão desta pesquisa, como os jornalistas e colegas de profissão Alice Cravo, Bela Megale, Bernardo Mello, Bruno Grubertt, Camila Zarur, Carolina Morand, Eduardo Graça, Elisa Clavery, Erick Rianelli (e sua mãe, Cristina Leite), Fábio Gusmão, Gabriel Sabóia, Gisele Barros, Guilherme Ramalho, Heitor Lannes, Igor Oliveira, João Batista Júnior, Larissa Vespasiano, Lauro Jardim, Leandro Oliveira, Leila Youssef, Lucas Abreu, Maiá Menezes, Marcella Ramos, Mariana Rosário, Matheus Maciel, Naira Trindade, Paulo Celso Pereira, Pedro Bruzzi, Pedro Figueiredo (gentilmente o autor da orelha deste livro), Rafael Moraes Moura, Ramiro Costa (e Felipe Rondon), Renata Agostini, Rodrigo Castro, Thiago Prado, Vera Araújo e Vitor Vianna — este último foi com quem debati o embrião deste projeto por meses.

Obrigado também pelas mãos dos meus parceiros de redação que ditaram o ritmo e me mantiveram em atividade, sem deixar que eu tivesse vergonha de mim e do meu trabalho. Entre eles, cito Flávio Tabak, à época meu editor, que não só me incentivou a manter a cabeça erguida, em caronas diárias das quais passei a precisar, como me indicou para ser bolsista do Instituto Ling, lastro do meu futuro passo acadêmico. Ao Tabak, devido à confiança, e ao instituto, pela grandiosa possibilidade que me foi entregue: obrigado.

Obrigado pelas mãos (guiadas pela mente brilhante) do meu também melhor amigo Gabriel Martins, que se dedicou a pensar este livro junto comigo e a revisá-lo insistentemente. Ele também esteve presente em cada minuto desta fase delicada e testemunhou os esforços que fiz para, enfim, superá-la. Marta Szpacenkopf e suas mãos sempre muito, muito incentivadoras precisam ser citadas. Bruno Mendonça, pelos toques criativos, e Felipe Palmeira, ambos da excelente Agência Cont, também não poderiam ficar de fora, dado o apoio na divulgação do projeto.

Obrigado pelas mãos de Luiz Fernando Sousa Valentim, que se entrelaçaram com as minhas e me seguraram firme neste trabalho.

Grato pelas mãos das profissionais da psicologia (essas, sim) a quem recorri para não só lidar com a violência, mas também ao longo desta pesquisa e dos bloqueios que se impuseram a ela.

Obrigado às mãos de cada jornalista que contribuiu com esta pesquisa, entendendo a importância que ela pode vir a ter para a classe (inspirando, quem sabe, novos olhares e abordagens para a urgência do tema). Aos 203 colegas que se dispuseram a responder o estudo quantitativo apresentado, obrigado pela disponibilidade e engajamento de cada um.

Aos grandes jornalistas que tiveram as próprias histórias retratadas individualmente (Santiago Andrade, representado pela filha Vanessa e pela esposa Arlita; Luiz Fara Monteiro; Patrícia Campos Mello; Vera Magalhães; Renato Alves e Raquel Landim), obrigado pela paciência, confiança e solidariedade à causa. Às entidades de classe que colaboraram com dados à dissertação, à Federação Nacional do Jornalista (Fenaj) e à Associação Brasileira de Jornalismo Investigativo (Abraji), representadas por Samira de Castro, Angelina Nunes e Leticia Kleim, muitíssimo obrigado pelas contribuições de vocês e de suas equipes com esta pesquisa e com a sociedade brasileira.

E, por último, obrigado às mãos que estão tateando os meus escritos aqui e jornalismo afora. Elas me fizeram não desistir. Obrigado.

REFERÊNCIAS BIBLIOGRÁFICAS

GIL, Antonio Carlos. **Métodos e técnicas de pesquisa social.** São Paulo: Atlas, 1989.

MELLO, Patrícia Campos. **A máquina do ódio – Notas de uma repórter sobre fake news e violência digital.** São Paulo: Companhia das Letras, 2020.

SODRÉ, Muniz; PAIVA, Raquel. **Comunitarismo e sociedade incivil.** Famecos. 2019, v. 26, nº 1. Disponível em: <https://revistaseletronicas.pucrs.br/ojs/index.php/revistafamecos/article/view/33027>. Acessado em 15 de outubro de 2020.

SODRÉ, Muniz. **A sociedade incivil: mídia, liberalismo e finanças.** Petrópolis (RJ): Editora Vozes, 2021.

SODRÉ, Muniz, **Sociedade incivil e barbárie.** Jornal "Folha de S.Paulo", 2019. Disponível em: <https://www1.folha.uol.com.br/opiniao/2019/11/sociedade-incivil-e-barbarie.shtml>. Acessado em 5 de dezembro de 2020.

SODRÉ, Muniz; FERRARI, Maria Helena. **Técnica de redação: o texto no jornalismo impresso.** Rio de Janeiro: Francisco Alves, 1986.

TRAQUINA, Nelson. **Teorias do jornalismo I: porque as notícias são como são.** Florianópolis: Insular, 2004.

TRAQUINA, Nelson. **Teorias do jornalismo II: a tribo jornalística — uma comunidade interpretativa transnacional.** Florianópolis: Insular, 2005.

WOLF, Mauro. **Teorias da comunicação.** Lisboa: Presença, 2003.

REPORTAGENS E SITES CONSULTADOS

• CAPÍTULOS 1 E 2

Bolsonaro ataca jornalista de Itu que se passou por paciente de sua nora. Jornal de Itu. 2019. Disponível em: <https://jornaldeitu.com.br/bolsonaro-ataca-jornalista-de-itu-que-se-passou-por-paciente-de-sua-nora/>. Acessado em 31/03/2025.

Insatisfeitos com reportagem, presidente e filho atacam repórteres e imprensa. Abraji. 2019. Disponível em: <https://abraji.org.br/insatisfeitos-com-reportagem-presidente-e-filho-atacam-reporteres-e-imprensa>. Acessado em 31/03/2025.

MPF quer informações do Twitter sobre verificação de usuários. Metrópoles. 2022. Disponível em: <https://www.metropoles.com/brasil/mpf-quer-informacoes-do-twitter-sobre-verificacao-de-usuarios>. Acessado em 31/03/2025.

Olavo de Carvalho incita seguidores contra jornalista. Abraji. 2019. Disponível em: <https://abraji.org.br/olavo-de-carvalho-incita-seguidores-contra-jornalista>. Acessado em 31/03/2025.

Olavo de Carvalho incita "militância bolsonarista organizada" a processar jornalistas. Jornal de Minas. 2019. Disponível em: <https://www.sjpmg.org.br/2019/09/olavo-de-carvalho-incita-militancia-bolsonarista-organizada-a-processar-jornalistas/>. Acessado em 31/03/2025.

Posts de Bolsonaro com pornografia e "golden shower" repercutem na imprensa internacional. G1. 2019. Disponível em: <https://g1.globo.com/mundo/noticia/2019/03/06/posts-de-bolsonaro-com-pornografia-e-golden-shower-repercutem-na-imprensa-internacional.ghtml>. Acessado em 31/03/2025.

Três meses de aulas com Olavo de Carvalho, o artista da ofensa. Época. 2019. Disponível em: <https://oglobo.globo.com/epoca/tres-meses-de-aulas-com-olavo-de-carvalho-artista-da-ofensa-1-23521202>. Acessado em 31/03/2025.

• CAPÍTULO 3

"As pessoas gritavam que tinha sido a polícia, mas eu sabia que não". O Globo. 2013. Disponível em: <https://oglobo.globo.com/fotogalerias/fotos/2023/06/as-pessoas-gritavam-que-tinha-sido-a-policia-mas-eu-sabia-que-nao.ghtmll>. Acessado em 10/08/2023.

"É um rojão", afirma perito sobre artefato que atingiu cinegrafista no Rio. G1. 2014. Disponível em: <https://g1.globo.com/rio-de-janeiro/noticia/2014/02/e-um-rojao-afirma-perito-sobre-artefato-que-atingiu-cinegrafista-no-rio.html>. Acessado em 10/08/2023.

"Santiago era a pessoa mais fácil de gostar que eu conheci", diz jornalista da Band. O Globo. 2014. Disponível em: <https://oglobo.globo.com/rio/santiago-era-pessoa-mais-facil-de-gostar-que-eu-conheci-diz-jornalista-da-band-11560659>. Acessado em 10/08/2023.

Caio Silva de Souza é preso em Feira de Santana, na Bahia. G1. 2014. Disponível em: <https://g1.globo.com/rj/rio-de-janeiro/rj1/video/caio-silva-de-souza-e-preso-em-feira-de-santana-na-bahia-3142470.ghtml>. Acessado em 10/08/2023.

Cinegrafista da Band morre com tiro em favela do Rio. G1. 2011. Disponível em: <https://g1.globo.com/brasil/noticia/2011/11/cinegrafista-da-band-morre-com-tiro-em-favela-do-rio.html>. Acessado em 10/08/2023.

Dilma diz que morte de cinegrafista "revolta" e manda PF ajudar a apurar. G1. 2014. Disponível em: <https://g1.globo.com/rio-de-janeiro/noticia/2014/02/dilma-diz-que-morte-de-cinegrafista-revolta-e-manda-

pf-ajudar-apurar.html>. Acessado em 10/08/2023.

Imagens marcantes da tragédia de 2011 na Região Serrana do RJ. G1. 2021. Disponível em: <https://g1.globo.com/rj/regiao-serrana/noticia/2021/01/11/confira-imagens-marcantes-da-tragedia-de-2011-na-regiao-serrana-do-rj.ghtml>. Acessado em 10/08/2023.

Juiz do TJ-RJ condena à prisão ativistas envolvidos em protestos em 2013 e 2014 no Rio. 2018. Disponível em: <https://g1.globo.com/rj/rio-de-janeiro/noticia/tribunal-de-justica-do-rio-condena-a-prisao-ativistas-envolvidos-em-protestos-em-2013-e-2014-no-rio.ghtml>. Acessado em 10/08/2023.

Massacre de Realengo: os 10 anos do ataque a escola que deixou 12 mortos e chocou o Brasil. BBC Brasil. 2021. Disponível em: <https://www.bbc.com/portuguese/brasil-56657419>. Acessado em 10/08/2023.

Prefeito do Rio chama suspeitos de morte de cinegrafista de "filhinhos de papai mimados". Jornal Extra. 2014. Disponível em: <https://extra.globo.com/casos-de-policia/prefeito-do-rio-chama-suspeitos-de-morte-de-cinegrafista-de-filhinhos-de-papai-mimados-rv1-1-11571219.html>. Acessado em 10/08/2023.

Presos por morte de cinegrafista no Rio estão em penitenciárias de Bangu. G1. 2014. Disponível em: <https://g1.globo.com/rio-de-janeiro/noticia/2014/02/preso-por-morte-de-cinegrafista-deixa-cidade-da-policia-no-rio.html>. Acessado em 10/08/2023.

ONU condena morte de cinegrafista no Rio de Janeiro. Agência Brasil. 2014. Disponível em: <https://agenciabrasil.ebc.com.br/direitos-humanos/noticia/2014-02/onu-condena-morte-de-cinegrafista-no-rio-de-janeiro>. Acessado em 10/08/2023.

• CAPÍTULO 4

Aécio chama Dilma de mentirosa; presidente cita motoristas embriagados. UOL. 2014. Disponível em: <https://www.uol.com.br/eleicoes/2014/noticias/2014/10/16/aecio-chama-dilma-de-mentirosa-presidente-cita-motoristas-embriagados.htm>. Acessado em 10/08/2023.

Barbosa faz crítica a pergunta feita por jornalista negro de TV. Folha de S.Paulo. 2012. Disponível em: <https://www1.folha.uol.com.br/fsp/poder/79539-barbosa-faz-critica-a-pergunta-feita-por-jornalista-negro-de-tv.shtml>. Acessado em 10/08/2023.

Censo 2022: pela primeira vez, desde 1991, a maior parte da população do Brasil se declara parda. Agência IBGE. 2023. Disponível em: <https://agenciadenoticias.ibge.gov.br/agencia-noticias/2012-agencia-de-noticias/noticias/38719-censo-2022-pela-primeira-vez-desde-1991-a-maior-parte-da-populacao-do-brasil-se-declara-parda>. Acessado em 31/03/2025.

Dilma e Aécio decidirão eleição para presidente no segundo turno. G1. 2014. Disponível em: <https://g1.globo.com/politica/eleicoes/2014/noticia/2014/10/dilma-e-aecio-decidirao-eleicao-para-presidente-no-segundo-turno.html>. Acessado em 10/08/2023.

Dilma e Aécio lideram ranking mundial de citações no Twitter. Terra. 2014. Disponível em: <https://www.terra.com.br/noticias/eleicoes/dilma-e-aecio-lideram-ranking-mundial-de-citacoes-no-twitte.html>. Acessado em 10/08/2023.

Dilma é reeleita na disputa mais apertada da história; PT ganha 4º mandato. UOL. 2014. Disponível em: <https://www.uol.com.br/eleicoes/2014/noticias/2014/10/26/dilma-cresce-na-reta-final-e-reeleita-e-emplaca-quarto-mandato-do-pt.htm>. Acessado em 10/08/2023.

Disputa entre Lula e Bolsonaro é a eleição para presidente mais acirrada da história. CNN Brasil. 2022. Disponível em: <https://www.cnnbrasil.com.br/politica/disputa-entre-lula-e-bolsonaro-e-a-eleicao-para-presidente-mais-acirrada-da-historia/>. Acessado em 10/08/2023.

Eduardo Cunha autoriza abrir processo de impeachment de Dilma. G1. 2015. Disponível em: <https://g1.globo.com/politica/noticia/2015/12/eduardo-cunha-informa-que-autorizou-processo-de-impeachment-de-dilma.html>. Disponível em 10/08/2023.

Em viagens presidenciais, Lula já passou um ano e meio no exterior. Farol da Oposição. 2024. Disponível em: <https://static.poder360.com.br/2024/04/Farol-da-Oposicao_Edicao-02_Viagens_Fernanda.pdf>. Acessado em 31/03/2025.

Entenda como foi o impeachment de Collor que completa 30 anos. Folha de S.Paulo. 2022. Disponível em: <https://www1.folha.uol.com.br/poder/2022/12/entenda-como-foi-o-impeachment-de-collor-que-completa-30-anos.shtml>. Acessado em 10/08/2023.

Escândalo do Mensalão: Como funcionava o polêmico sistema de compra de votos. Aventuras na História. UOL. 2021. Disponivel em: <https://aventurasnahistoria.uol.com.br/noticias/reportagem/escandalo-do-mensalao-como-funcionava-o-polemico-sistema-de-compra-de-votos.phtml>. Acessado em 10/08/2023.

Ex-marqueteiro do PT diz que "faria de novo" ataque polêmico contra Marina. Metrópoles. 2020. Disponível em: <https://www.metropoles.com/brasil/politica-brasil/ex-marqueteiro-do-pt-diz-que-faria-de-novo-ataque-polemico-contra-marina>. Acessado em 31/03/2025.

Lula estreia programa "Café com o presidente". Folha de S.Paulo. 2003. Disponível em: <https://www1.folha.uol.com.br/folha/brasil/ult96u55485.shtml>. Acessado em 10/08/2023.

Marcos Uchôa vira face da comunicação de Lula e "levanta a bola" para presidente. Folha de S. Paulo. 2023. Disponível em: <https://www1.folha.uol.com.br/poder/2023/06/marcos-uchoa-vira-face-da-comunicacao-de-lula-e-levanta-a-bola-para-presidente.shtml>. Acessado em 10/08/2023.

Marina Silva diz que sofre campanha "desleal" feita por PT e PSDB. G1. 2014. Disponível em: <https://g1.globo.com/sao-paulo/eleicoes/2014/noticia/2014/09/pt-e-psdb-estao-em-uma-campanha-desleal-contra-mim-diz-marina.html>. Acessado em 10/08/2023.

Marina Silva será candidata no lugar de Eduardo Campos. Correio do Estado. 2014. Disponível em: <https://correiodoestado.com.br/politica/psb-escolhe-marina-silva-para-ser-candidata-no-lugar-de-campos/225052/>. Acessado em 10/08/2023.

Presidente eleito Lula é diplomado pelo TSE; entenda o que significa. G1. 2022. Disponível em: <https://g1.globo.com/politica/noticia/2022/12/12/presidente-eleito-lula-e-diplomado-pelo-tse-entenda-o-que-significa.ghtml>. Acessado em 10/08/2023.

PSDB pede ao TSE auditoria para verificar "lisura" da eleição. G1. 2014. Disponível em: <https://g1.globo.com/politica/noticia/2014/10/psdb-pede-ao-tse-auditoria-para-verificar-lisura-da-eleicao.html>. Acessado em 10/08/2023.

Rede Record prepara cobertura especial direto de Londres. R7. 2012. Disponível em: <https://recordtv.r7.com/fala-brasil/videos/rede-record-prepara-cobertura-especial-direto-de-londres-09112022>. Acessado em 10/08/2023.

Sarney falava "ao pé do rádio". Folha de S.Paulo. 1995. Disponível em: <https://www1.folha.uol.com.br/fsp/1995/4/29/brasil/42.html>. Acessado em 10/08/2023.

Senado aprova impeachment, Dilma perde mandato e Temer assume. G1. 2016. Disponível em: <https://g1.globo.com/politica/processo-de-impeachment-de-dilma/noticia/2016/08/senado-aprova-impeachment-dilma-perde-mandato-e-temer-assume.html>. Acessado em 10/08/2023.

• CAPÍTULO 5

Allan dos Santos não recorre e deve pagar R$ 35 mil a jornalista da Folha. Conjur. 2023. Disponível em: <https://www.conjur.com.br/2023-mai-10/allan-santos-indenizar-jornalista-folha-35-mil2>. Acessado em 27/07/2023.

Após mais de cinco anos como vice, Temer assume definitivamente Presidência. Agência Brasil. 2016. Disponível em: <https://agenciabrasil.ebc.com.br/politica/noticia/2016-08/temer-assume-definitivamente-presidencia-do-pais>. Acessado em 27/07/2023.

Após reportagem, jornalista da Folha é atacada e colegas saem em sua defesa. Correio Braziliense. 2018. Disponível em: <https://www.correiobraziliense.com.br/app/noticia/politica/2018/10/19/interna_politica,713846/apos-reportagem-jornalista-da-folha-e-atacada-e-colegas-defendem.shtml>. Acessado em 27/07/2023.

Atentados do 11 de Setembro são recontados por meio de quase 500 histórias pessoais. Folha de S.Paulo. 2021. Disponível em: <https://www1.folha.uol.com.br/ilustrada/2021/09/atentados-do-11-de-setembro-sao-

recontados-por-meio-de-500-historias-pessoais.html>. Acessado em 27/07/2023.

Bolsonaro chama de "idiota" pergunta sobre carona de parentes em helicóptero da FAB. Folha de S. Paulo. 2019. Disponível em: <https://www1.folha.uol.com.br/poder/2019/07/bolsonaro-chama-de-idiota-pergunta-sobre-carona-de-parentes-em-helicoptero-da-fab.shtml>. Acessado em 31/03/2025.

Bolsonaro usa informações falsas para tacar a jornalista Míriam Leitão. O Globo 2019. Disponível em: <https://oglobo.globo.com/politica/bolsonaro-usa-informacoes-falsas-para-atacar-jornalista-miriam-leitao-23819501>. Acessado em 31/03/2025.

Depoimento: No Brasil, ser mulher nos transforma em alvo de ataques. Folha de S.Paulo. 2020. Disponível em: <https://www1.folha.uol.com.br/poder/2020/03/depoimento-no-brasil-ser-mulher-nos-transforma-em-alvo-de-ataques.shtml>. Acessado em 27/07/2023.

Deputado do Ceará é condenado a pagar indenização de R$ 50 mil após ataques machistas à jornalista. G1. 2021. Disponível em: <https://g1.globo.com/ce/ceara/noticia/2021/07/20/deputado-cearense-andre-fernandes-e-condenado-a-pagar-indenizacao-de-r-50-mil-apos-ataques-machistas-a-jornalista.ghtml>. Acessado em 27/07/2023.

Eduardo Bolsonaro diz ter pena de cobra usada em tortura de Miriam Leitão. Congresso em Foco. 2022. Disponível em: <https://www.congressoemfoco.com.br/noticia/12216/no-twitter-eduardo-bolsonaro-debocha-de-tortura-sofrida-por-miriam-leitao>. Acessado em 31/03/2025.

Empresários bancam campanha contra o PT pelo WhatsApp. Folha de S.Paulo. 2018. Disponível em: <https://www1.folha.uol.com.br/poder/2018/10/empresarios-bancam-campanha-contra-o-pt-pelo-whatsapp.shtml>. Acessado em 27/07/2023.

Entrevista de Zelenski à Folha levou quase um ano para sair do papel. Folha de S.Paulo. 2023. Disponível em: <https://www1.folha.uol.com.br/mundo/2023/06/entrevista-de-zelenski-a-folha-levou-quase-um-ano-para-sair-do-papel.shtml>. Acessado em 27/07/23.

Ex-funcionário de empresa de disparo em massa mente a CPI e insulta repórter da Folha. Folha de S.Paulo. 2020. Disponível em: <https://www1.folha.uol.com.br/poder/2020/02/ex-funcionario-de-empresa-de-disparo-em-massa-mente-a-cpi-e-insulta-reporter-da-folha.shtml>. Acessado em 27/07/23.

Ex-mulher afirmou ter sofrido ameaça de morte de Bolsonaro, diz Itamaraty. Folha de S.Paulo. 2018. Disponível em: <https://www1.folha.uol.com.br/poder/2018/09/ex-mulher-afirmou-ter-sofrido-ameaca-de-morte-de-bolsonaro-diz-itamaraty.shtml>. Acessado em 31/03/2025.

Fraude com CPF viabilizou disparo de mensagens de WhatsApp na eleição. Folha de S.Paulo. 2018. Disponível em: <https://www1.folha.uol.com.br/poder/2018/12/fraude-com-cpf-viabilizou-disparo-de-mensagens-de-whatsapp-na-eleicao.htm>. Acessado em 27/07/2023.

Há 5 anos, Câmara abria impeachment de Dilma e Bolsonaro louvava Ustra. Poder 360. 2021. Disponível em: <https://www.poder360.com.br/governo/ha-5-anos-camara-abria-impeachment-de-dilma-e-bolsonaro-louvava-ustra/>. Acessado em 27/07/2023.

Jornalista é alvo de ataques nas redes após publicação de reportagem Abraji. 2018. Disponível em: <https://abraji.org.br/noticias/jornalista-e-alvo-de-ataques-nas-redes-apos-publicacao-de-reportagem>. Acessado em 31/03/2025.

Jornalista que denunciou caixa 2 de Bolsonaro é alvo de ataques nas redes sociais. Brasil de Fato. 2018. Disponível em: <https://www.brasildefato.com.br/2018/10/19/jornalista-que-denunciou-caixa-2-de-bolsonaro-e-alvo-de-ataques-nas-redes-sociais>. Acessado em 27/07/2023.

Justiça penhora R$ 88 mil de Eduardo Bolsonaro por ofensas a jornalista. UOL via O Estado de S.Paulo. 2024. Disponível em: <https://noticias.uol.com.br/ultimas-noticias/agencia-estado/2024/10/18/justica-penhora-r-88-mil-de-eduardo-bolsonaro-por-ofensas-a-jornalista.htm>. Acessado em 31/03/2025.

Lula quer ser 'original' em plano de paz para Guerra da Ucrânia, diz Zelenski à Folha. Folha de S.Paulo. 2023. Disponível em: <https://www1.

folha.uol.com.br/mundo/2023/06/lula-quer-ser-original-mas-precisa-responder-a-questoes-antes-diz-zelenski-a-folha.shtml>. Acessado em 27/07/2023.

Manifesto em repúdio aos ataques à jornalista Patrícia Campos Mello. Autoria coletiva. 2020. Disponível em: <https://bit.ly/3qsEpqh>. Acessado em 27/07/2023.

Michel Temer assume interinamente a presidência após afastamento. TV Globo. 2016. Disponível em: <https://g1.globo.com/hora1/noticia/2016/05/apos-afastamento-michel-temer-assume-interinamente-presidencia.html>. Acessado em 27/07/2023.

Mulher que aparece em foto ao lado de Haddad não é jornalista da Folha. Folha de S.Paulo. 2018. Disponível em: <https://www1.folha.uol.com.br/poder/2018/10/mulher-que-aparece-em-foto-ao-lado-de-haddad-nao-e-jornalista-da-folha.html>. Acessado em 27/07/2023.

Patrícia Campos Mello, da Folha, diz que "Sempre votou no PT" (Imagens de 2013). Youtube. 2018. Disponível em: <https://www.youtube.com/watch?v=007ruph46ps>. Acessado em 27/07/2023.

Patrícia Campos Mello recebe Prêmio Maria Moors Cabot. Abraji. 2020. Disponível em: <https://www.abraji.org.br/patricia-campos-mello-recebe-premio-maria-moors-cabot>. Acessado em 27/07/2023.

Quem estava em Nova York no 11 de Setembro viveu apagão de informação inimaginável hoje. Folha de S.Paulo. 2021. Disponível em: <https://www1.folha.uol.com.br/mundo/2021/09/quem-estava-em-nova-york-no-119-viveu-apagao-de-informacao-inimaginavel-hoje.shtml>. Acessado em 27/07/2023.

Repórter conta bastidores de entrevista com Volodimir Zelenski. Folha de S.Paulo. 2023. Disponível em: <https://www1.folha.uol.com.br/podcasts/2023/06/podcast-reporter-conta-bastidores-de-entrevista-com-volodimir-zelenski.shtml>. Acessado em 27/07/2023.

Site usa post falso para atacar repórter citada por Bolsonaro. O Globo. 2019. Disponível em: <https://oglobo.globo.com/politica/site-

usa-post-falso-para-atacar-reporter-citada-por-bolsonaro-23513067>. Acessado em 31/03/2025.

State of Journalism 2024. Muck Rack. 2024. Disponível em: <https://muckrack.com/research/state-of-journalism-2024>. Acessado em 31/03/2025.

Urna eletrônica já deu 115 milhões de votos ao clã Bolsonaro e garantiu 76 anos de salários. G1. 2021. Disponível em: <https://g1.globo.com/politica/blog/octavio-guedes/post/2021/08/10/urna-eletronica-ja-deu-115-milhoes-de-votos-ao-cla-bolsonaro-e-garantiu-76-anos-de-salarios.ghtml>. Acessado em 27/07/2023.

• CAPÍTULO 6

"Você é uma vergonha", diz Bolsonaro a jornalista em debate. Poder 360. 2022. Disponível em: <https://www.poder360.com.br/eleicoes/voce-e-uma-vergonha-diz-bolsonaro-a-jornalista-em-debate/>. Acessado em 05/08/2023.

"Desrespeito", "barbaridade" e "ação terrorista": Lula, Ciro e Tebet repudiam ofensas de deputado bolsonarista à jornalista Vera Magalhães. O Globo. 2022. Disponível em: <https://oglobo.globo.com/politica/eleicoes-2022/noticia/2022/09/desrespeito-barbaridade-e-acao-terrorista-lula-ciro-e-tebet-repudiam-ofensas-de-deputado-bolsonarista-a-jornalista-vera-magalhaes.html>. Acessado em 05/08/2023.

Após perder eleição, deputado Douglas Garcia entra com pedido de falência. Conjur. 2022. Disponível em: <https://www.conjur.com.br/2022-nov-08/perder-eleicao-douglas-garcia-entra-pedido-falencia>. Acessado em 05/08/2023.

Bolsonaro ataca jornalista do "Estado" e nega ter compartilhado vídeo convocando para atos. O Estado de S.Paulo. 2020. Disponível em: https://www.estadao.com.br/politica/bolsonaro-ataca-jornalista-vera-magalhaes-e-nega-ter-compartilhado-video-convocando-para-atos/>. Acessado em 05/08/2023.

Bolsonaro ataca Vera Magalhães e Simone Tebet ao ser perguntado sobre vacina contra Covid-19. Brasil de Fato. 2022. Disponível em: <https://

www.brasildefato.com.br/2022/08/28/bolsonaro-ataca-vera-magalhaes-e-simone-tebet-ao-ser-perguntado-sobre-vacina-contra-covid-19>. Acessado em 05/08/2023.

Bolsonaro diz que não convocou protestos de 15 de março; compare com discurso do presidente em RR em 7 de março. G1. 2020. Disponível em: <https://g1.globo.com/politica/noticia/2020/03/18/bolsonaro-diz-que-nao-convocou-protestos-de-15-de-marco-compare-com-discurso-do-presidente-em-rr-em-7-de-marco.ghtml>. Acessado em 05/08/2023.

Bolsonaro grava vídeo convocando para protestos do dia 15. Exame. 2020. Disponível em: <https://exame.com/brasil/bolsonaro-grava-video-convocando-para-protestos-do-dia-15/>. Acessado em 05/08/2023.

Bolsonaro ignora coronavírus e participa de manifestação contra Congresso e STF. Brasil de Fato. 2020. Disponível em: <https://www.brasildefato.com.br/2020/03/15/bolsonaro-ignora-coronavirus-e-participa-de-manifestacao-contra-congresso-e-stf>. Acessado em 05/08/2023.

Cobertura vacinal no Brasil está em índices alarmantes. Fiocruz. 2022. Disponível em: <https://portal.fiocruz.br/noticia/cobertura-vacinal-no-brasil-esta-em-indices-alarmantes>. Acessado em 05/08/2023.

Colunista do Estadão casada com assessor de Aécio pede a cabeça de Boulos na Folha. Diário do Centro do Mundo. 2016. Disponível em: <https://www.diariodocentrodomundo.com.br/essencial/colunista-do-estadao-casada-com-assessor-de-aecio-pede-a-cabeca-de-boulos-na-folha/>. Acessado em 05/08/2023.

Datafolha: 52% dizem não votar em Bolsonaro de jeito nenhum, ante 39% em Lula. Folha de S.Paulo. 2022. Disponível em: <https://www1.folha.uol.com.br/poder/2022/09/datafolha-52-dizem-nao-votar-em-bolsonaro-de-jeito-nenhum-ante-39-em-lula.shtml>. Acessado em 05/08/2023.

Debate na Band lidera audiência na TV e bate recorde no YouTube. O Estado de S. Paulo. 2022. Disponível em: <https://www.estadao.com.br/politica/debate-na-band-lidera-audiencia-na-tv-e-bate-recorde-no-youtube/>. Acessado em 05/08/2023.

Deputado Douglas Garcia é condenado a pagar R$ 20 mil por dossiê. UOL. 2020. Disponível em: <https://noticias.uol.com.br/ultimas-noticias/agencia-estado/2020/08/10/deputado-douglas-garcia-e-condenado-a-pagar-r-20-mil-por-dossie.htm>. Acessado em 05/08/2023.

Deputados polêmicos da Alesp não conseguem reeleição ou vaga na Câmara. G1. 2022. Disponível em: <https://g1.globo.com/sp/sao-paulo/eleicoes/2022/noticia/2022/10/03/deputados-polemicos-da-alesp-nao-conseguem-reeleicao-ou-vaga-na-camara.ghtml>. Acessado em 05/08/2023.

É falso que Vera Magalhães tenha admitido usar pergunta em debate para provocar Bolsonaro. O Estado de S.Paulo. 2022. Disponível em: <https://www.estadao.com.br/estadao-verifica/vera-magalhaes-provocou-bolsonaro/>. Acessado em 05/08/2023.

Eduardo Bolsonaro, que já ofendeu outras jornalistas, repudia ataque a Vera. UOL. 2022. Disponível em: <https://noticias.uol.com.br/eleicoes/2022/09/14/eduardo-bolsonaro-vera-magalhaes.htm>. Acessado em 05/08/2023.

Estrutura para 7 de setembro começa a ser montada na orla de Copacabana. O Globo. 2022. Disponível em: <https://oglobo.globo.com/politica/eleicoes-2022/noticia/2022/09/estrutura-para-7-de-setembro-comeca-a-ser-montada-na-orla-de-copacabana.ghtml>. Acessado em 05/08/2023.

Ida de Cabral para Aécio derruba Vera do Painel. Brasil 247. 2014. Disponível em: <https://www.brasil247.com/midia/ida-de-cabral-para-aecio-derruba-vera-do-painel>. Acessado em 05/08/2023.

Internautas resgatam vídeo de Vera Magalhães se derretendo por Moro: "Profunda vergonha alheia". Brasil 247. 2022. Disponível em: <https://www.brasil247.com/midia/internautas-resgatam-video-de-vera-magalhaes-se-derretendo-por-moro-profunda-vergonha-alheia>. Acessado em 05/08/2023.

Joana d'Arc queimada viva em Rouen, França. Ensinar História. Disponível em: <https://ensinarhistoria.com.br/linha-do-tempo/joana-darc-queimada-viva-em-rouen-franca/>. Acessado em 05/08/2023.

Justiça manda Silas Malafaia remover fake news sobre Vera Magalhães. UOL. 2022. Disponível em: <https://noticias.uol.com.br/politica/ultimas-noticias/2022/09/02/justica-manda-silas-malafaia-remover-fake-news-sobre-vera-magalhaes.htm>. Acessado em 05/08/2023.

Justiça ordena que Damares exclua ofensas contra Vera Magalhães. Migalhas. 2022. Disponível em: <https://www.migalhas.com.br/quentes/376141/justica-ordena-que-damares-exclua-ofensas-contra-vera-magalhaes>. Acessado em 05/08/2023.

Lula, FHC, Ciro e Doria reagem à convocação de Bolsonaro para ato contra Congresso. Poder 360. 2020. Disponível em: <https://www.poder360.com.br/governo/lula-ciro-e-doria-reagem-a-convocacao-de-bolsonaro-para-ato-contra-congresso/>. Acessado em 31/03/2025.

Manifestação pró-Bolsonaro na Praia de Copacabana reuniu 64 mil pessoas. O Globo. 2022. Disponível em: <https://oglobo.globo.com/blogs/pulso/post/2022/09/manifestacao-pro-bolsonaro-na-praia-de-copacabana-reuniu-64-mil-pessoas-veja-detalhes-da-pesquisa-da-usp.ghtml>. Acessado em 05/08/2023.

MP Eleitoral denuncia Douglas Garcia por ataque a Vera Magalhães. Conjur. 2022. Disponível em: <https://www.conjur.com.br/2022-set-22/mp-eleitoral-denuncia-douglas-garcia-ataque-vera-magalhaes>. Acessado em 05/08/2023.

Na avaliação de Moro, Bolsonaro dá "ampla liberdade à imprensa". Estado de Minas. 2020. Disponível em: <https://www.em.com.br/app/noticia/politica/2020/01/21/interna_politica,1115742/na-avaliacao-de-moro-bolsonaro-da-ampla-liberdade-a-imprensa.shtml>. Acessado em 05/08/2023.

O que se sabe sobre o ataque de Douglas Garcia contra Vera Magalhães. CNN Brasil. 2022. Disponível em: https://www.cnnbrasil.com.br/politica/o-que-se-sabe-sobre-o-ataque-de-douglas-garcia-a-vera-magalhaes/>. Acessado em 05/08/2023.

Parlamentar diz que arrancaria "homem que se sente mulher" a tapas do banheiro após discurso da 1ª deputada trans de SP. G1. 2019. Disponível em: <https://g1.globo.com/sp/sao-paulo/noticia/2019/04/04/

parlamentar-diz-que-arrancaria-homem-que-se-sente-mulher-a-tapas-do-banheiro-apos-discurso-da-1a-deputada-transexual-de-sp.ghtml>. Acessado em 05/08/2023.

Resultado da votação para Douglas Garcia em São Paulo. Gazeta do Povo. 2018. Disponível em: <https://especiais.gazetadopovo.com.br/eleicoes/2018/resultados/municipios-sao-paulo/deputado-estadual-candidato-douglas-garcia-17064/>. Acessado em 05/08/2023.

Simone Tebet e Soraya Thronicke saem em defesa da jornalista Vera Magalhães após ataque de Bolsonaro. UOL. 2022. Disponível em: <https://cultura.uol.com.br/noticias/51956_simone-tebet-e-soraya-thronicke-saem-em-defesa-da-jornalista-vera-magalhaes-apos-ataque-de-bolsonaro.html>. Acessado em 05/08/2023.

Tutti buona gente. Editor de Veja coordenará campanha de Aécio. O Cafezinho. 2014. Disponível em: <https://www.ocafezinho.com/2014/05/19/tutti-buona-gente-editor-de-veja-coordenara-campanha-de-aecio/>. Acessado em 05/08/2023.

Vera Magalhães renova com a TV Cultura antes de troca de governador em SP. Notícias da TV. 2022. Disponível em: <https://noticiasdatv.uol.com.br/noticia/televisao/vera-magalhaes-renova-com-tv-cultura-antes-de-troca-de-governador-em-sp-91955>. Acessado em 05/08/2023.

Vera Magalhães será a nova apresentadora do Roda Viva. TV Cultura. 2019. Disponível em: <https://cultura.uol.com.br/noticias/955_vera-magalhaes-sera-a-nova-apresentadora-do-roda-viva.html>. Acessado em 05/08/2023.

Viraliza post de bravata velha da Lava Jato e Vera Magalhães passa vergonha no Twitter. Diário do Centro do Mundo. 2021. Disponível em: <https://www.diariodocentrodomundo.com.br/essencial/viraliza-post-de-bravata-velha-da-lava-jato-e-vera-magalhaes-passa-vergonha-no-twitter/>. Acessado em 05/08/2023.

"Não ofendi Vera Magalhães", diz Bolsonaro após afirmar que ela é "uma vergonha para o jornalismo". O Povo. 2022. Disponível em: <https://www.opovo.com.br/ eleicoes-2022/2022/08/30/nao-ofendi-vera-

magalhaes-diz-bolsonaro-apos-afirmar-que-ela-e-uma-vergonha-para-o-jornalismo.html>. Acessado em 05/08/2023.

• CAPÍTULO 8

Abraji repudia ameaça e perseguição a Thiago Herdy. Abraji. 2025. Disponível em: <https://www.abraji.org.br/abraji-repudia-ameaca-e-perseguicao-a-thiago-herdy>. Acessado em 31/03/2025.

Abraji repudia ataques em massa a Raquel Landim, do UOL. Abraji. 2024. Disponível em: <https://www.abraji.org.br/noticias/abraji-repudia-ataques-em-massa-a-raquel-landim-do-uol>. Acessado em 31/03/2025.

AGU pede para Pablo Marçal ser obrigado a publicar resposta sobre atuação das Forças Armadas no Rio Grande do Sul. Secretaria de Comunicação Social. 2024. Disponível em: <https://www.gov.br/secom/pt-br/assuntos/noticias/2024/05/combate-a-desinformacao-agu-pede-para-pablo-marcal-ser-obrigado-a-publicar-resposta-sobre-atuacao-das-forcas-armadas-no-rio-grande-do-sull>. Acessado em 31/03/2025.

Bolsonaro condena "kit gay", tenta expor material na TV e é repreendido por William Bonner. Estado de Minas. 2018. Disponível em: <https://www.em.com.br/app/noticia/politica/2018/08/28/interna_politica,984245/bolsonaro-condena-kit-gay-tenta-expor-material-na-tv-e-e-repreendid.shtml>. Acessado em 31/03/2025.

Colunista do UOL é seguido e tem família exposta em texto difamatório. UOL. 2025. Disponível em: <https://noticias.uol.com.br/politica/ultimas-noticias/2025/03/20/colunista-do-uol-e-seguido-e-tem-familia-exposta-em-texto-difamatorio.htm>. Acessado em 31/03/2025.

Como Pablo Marçal ficou rico? Conheça o império de empresas, curso e livros do ex-coach. Terra. 2024. Disponível em: <https://www.terra.com.br/noticias/brasil/politica/como-pablo-marcal-ficou-rico-conheca-o-imperio-de-empresas-curso-e-livros-do-ex-coach>. Acessado em 31/03/2025.

Corregedoria investiga ameaça de policial civil contra Natuza Nery em supermercado. Folha de S.Paulo. 2024. Disponível em: <https://www1.folha.uol.com.br/colunas/monicabergamo/2024/12/

corregedoria-investiga-ameaca-de-policial-civil-contra-natuza-nery-em-supermercado.shtml>. Acessado em 31/03/2025.

Divulgação dos resultados das Eleições 2024. Justiça Eleitoral. 2024. Disponível em: <https://www.tse.jus.br/eleicoes/eleicoes-2024-content/divulgacao-dos-resultados-das-eleicoes-2024>. Acessado em 31/03/2025.

Governo do RS nega exigência de habilitação para voluntários em embarcações e nota fiscal de doações. Folha de S.Paulo. 2024. Disponível em: <https://www1.folha.uol.com.br/cotidiano/2024/05/governo-do-rs-nega-exigencia-de-habilitacao-para-voluntarios-em-embarcacoes-e-nota-fiscal-de-doacoes.shtml>. Acessado em 31/03/2025.

"Indestrutível": 10 anos após ataque que matou 12 pessoas na redação, revista Charlie Hebdo se mantém desafiadora. BBC. 2025. Disponível em: <https://www.bbc.com/portuguese/articles/cz7q4p5j1jlol>. Acessado em 31/03/2025.

Pablo Marçal é denunciado por expor grupo a risco em expedição. Poder 360. 2025. Disponível em: <https://www.poder360.com.br/poder-justica/pablo-marcal-e-denunciado-por-expor-grupo-a-risco-em-expedicao/>. Acessado em 31/03/2025.

Pablo Marçal processa Natuza Nery acusá-lo de fake news, mas desiste. Migalhas. 2024. Disponível em: <https://www.migalhas.com.br/quentes/408019/pablo-marcal-processa-natuza-nery-por-acusa-lo-de-fake-news-e-desiste>. Acessado em 31/03/2025.

PF indicia Pablo Marçal por laudo falso contra Guilherme Boulos. Agência Brasil. 2024. Disponível em: <https://agenciabrasil.ebc.com.br/politica/noticia/2024-11/pf-indicia-pablo-marcal-por-laudo-falso-contra-guilherme-boulos>. Acessado em 31/03/2025.

Polícia afasta agente que falou em "aniquilar" Natuza Nery. Poder 360. 2025. Disponível em: <https://www.poder360.com.br/seguranca-publica/policia-afasta-agente-que-falou-em-aniquilar-natuza-nery/>. Acessado em 31/03/2025.

Policial acusado de ameaçar Natuza Nery atacou urnas e defendeu

golpe. Metrópoles. 2025. Disponível em: <https://www.metropoles.com/sao-paulo/policial-acusado-de-ameacar-natuza-nery-atacou-urnas-e-defendeu-golpe>. Acessado em 31/03/2025.

SP acumula casos de violência policial recentes; no ano, mortes pela PM no estado aumentaram 46%. G1. 2024. Disponível em: <https://g1.globo.com/sp/sao-paulo/noticia/2024/12/04/sp-acumula-casos-de-violencia-policial-recentes-no-ano-mortes-pela-pm-no-estado-aumentaram-46percent.ghtml>. Acessado em 31/03/2025.

TSE indefere candidatura de Pablo Marçal (Pros); vaga passa a ser ocupada por Paulo Teixeira (PT). Agência Câmara de Notícias. 2022. Disponível em: <https://www.camara.leg.br/noticias/916291-tse-indefere-candidatura-de-pablo-marcal-pros-vaga-passa-a-ser-ocupada-por-paulo-teixeira-pt/>. Acessado em 31/03/2025.

Aponte a câmera do celular para o QR Code e confira a íntegra da pesquisa "Vocês da Imprensa", realizada com 203 jornalistas, entre 1º de junho e 10 de agosto de 2023.

Este livro utilizou as fontes Tungsten e Baskerville.
A primeira edição foi impressa no papel Avena 90g,
na gráfica Idealiza, em junho de 2025, quando a
Federação Nacional dos Jornalistas (Fenaj) já tinha
contabilizado 3.152 episódios violentos contra jornalistas
no Brasil, desde que começou a coletar dados, em 1998.